Ludwig Waldmüller

**Das Leben vollenden**

Ein Familienbuch

für Abschied, Tod und Trauer

LUDWIG WALDMÜLLER

# Das Leben vollenden

## Ein Familienbuch für Abschied, Tod und Trauer

benno

Bibliografische Information der Deutschen Nationalbibliothek
Die Deutsche Nationalbibliothek verzeichnet diese Publikation in der Deutschen Nationalbibliografie; detaillierte bibliografische Daten sind im Internet über http://dnb.d-nb.de abrufbar.

**Besuchen Sie uns im Internet:**
**www.st-benno.de**

Gern informieren wir Sie unverbindlich und aktuell auch in unserem Newsletter zum Verlagsprogramm, zu Neuerscheinungen und Aktionen. Einfach anmelden unter www.vivat.de.

ISBN 978-3-7462-6643-5


Umschlag: Ulrike Vetter, Leipzig
Umschlagmotiv © stock.adobe.com/gtranquillity
Gesamtherstellung: Arnold & Domnick, Leipzig (A)

# Inhalt


DAS LEBEN VOLLENDEN . . . . . . . . . . . . . . . . . 8

I. DER TOD ALS REALITÄT . . . . . . . . . . . . . . . 11
Wann tritt eigentlich der Tod ein? Die Sterbephasen . . 12
Die Rehabilitationsphase . . . . . . . . . . . . . . . . 13
Die Terminalphase . . . . . . . . . . . . . . . . . . . 14
Die Finalphase . . . . . . . . . . . . . . . . . . . . . 16

II. DER TOD ALS ERFAHRUNG . . . . . . . . . . . . . 19
Die inneren Phasen des Sterbeprozesses . . . . . . . . . 20
Nahtod-Erfahrungen und ihre Bedeutung . . . . . . . . . 23
Die Hospizbewegung . . . . . . . . . . . . . . . . . . . 24
Die Sterbebegleitung . . . . . . . . . . . . . . . . . . 26

III. DER TOD ALS AUFGABE . . . . . . . . . . . . . . 29
Die Begleitung Sterbender . . . . . . . . . . . . . . . 30
Beten mit Sterbenden . . . . . . . . . . . . . . . . . . 31
Der Rosenkranz . . . . . . . . . . . . . . . . . . . . . 34
Die Krankenkommunion . . . . . . . . . . . . . . . . . 37
Die Krankensalbung . . . . . . . . . . . . . . . . . . . 39
Der Versehgang . . . . . . . . . . . . . . . . . . . . . 40
Sich am Sterbebett abwechseln . . . . . . . . . . . . . 42
Reden über das Sterben . . . . . . . . . . . . . . . . . 42
Patientenverfügung und Vollmacht . . . . . . . . . . . 44
Das Testament . . . . . . . . . . . . . . . . . . . . . . 46

IV. DER TOD ALS GEREGELTE SACHE . . . . . . . . . . 51
Vorschriften für den Todesfall . . . . . . . . . . . . . . . . . . . 52
Das Sterbezimmer bereiten . . . . . . . . . . . . . . . . . . . . 55
Das Bestattungsinstitut . . . . . . . . . . . . . . . . . . . . . 57

V. DER TOD IM MITEINANDER DER MENSCHEN . . . . . . . . . . . . . . . . . . . . . 61
Auf unterschiedliche Weise vom Tod betroffen . . . . . . 62
Kondolenzkarten . . . . . . . . . . . . . . . . . . . . . . . . . . 63
Bei Beerdigungen – der Friedhofsknigge . . . . . . . . . . 67
In verschiedenen Situationen . . . . . . . . . . . . . . . . . . 73
Vom Tod sprechen? . . . . . . . . . . . . . . . . . . . . . . . . 76
Die kirchliche Begräbnisfeier . . . . . . . . . . . . . . . . . . 77

TOD UND GLAUBE – TEXTE FÜR DIE BEGLEITUNG IN DEN LETZTEN STUNDEN . . . . . 87
Grundgebete der Kirche . . . . . . . . . . . . . . . . . . . . . 89
Texte aus der Bibel . . . . . . . . . . . . . . . . . . . . . . . . 91
Texte aus der Tradition der Kirche . . . . . . . . . . . . . 123
Texte aus der Literatur . . . . . . . . . . . . . . . . . . . . . 132
Geistliche Lieder . . . . . . . . . . . . . . . . . . . . . . . . . 134
Die Feier der Aussegnung . . . . . . . . . . . . . . . . . . . . 142
Gebete . . . . . . . . . . . . . . . . . . . . . . . . . . . . . . . . 148

ZU GUTER LETZT . . . . . . . . . . . . . . . . . . . . . . . 158

# Das Leben vollenden

Liebe Leserin, lieber Leser,

wie schön, dass Sie dieses Buch in Händen halten – auch wenn es sich um ein Werk zu einem Thema handelt, über das man sehr wenig spricht: Tod und Sterben, die Vorbereitung auf das Ende des Lebens. Aber eben weil dieser Bereich unseres Lebens so selten angesprochen wird und viele Menschen eine Scheu haben, Dinge, die damit zu tun zu haben, ins Gespräch zu bringen, ist dieses Buch entstanden.

Dieses Familienbuch will ein Handbuch sein, eine Hilfestellung für alle, die mit dem Thema Tod im Leben konfrontiert sind: Wenn sich Menschen Gedanken über die eigene Sterblichkeit machen; wenn sie sich Fragen darüber stellen, wie man richtig vorsorgt, um die eigene Beerdigung zu regeln; wenn eine Person in der Familie auf den Tod zugeht und sich die Angehörigen oder befreundete Menschen fragen, wie mit dieser Situation richtig umgegangen werden kann; wenn der Tod einer Person im Bekanntenkreis Unsicherheit hervorruft und auf einmal im Raum steht, wie wohl eine gute Kondolenzkarte formuliert oder ein Gespräch bei einem Beileidsbesuch aussehen kann ... In all solchen Situationen soll dieses Buch eine schnelle und praktische Hilfestellung geben. Dabei sind die Aussagen aus meiner seelsorgerlichen Erfahrung genommen, direkt aus der Praxis. In einigen Bereichen konnte ich nicht bis ins Letzte genaue Hinweise geben, weil einige Dinge regional recht unterschiedlich gehandhabt werden; ich hoffe aber, dass meine Aussagen in diesen Themenkreisen trotzdem hilfreich sind.

Am Ende des Buches finden Sie Texte, Lieder, Bibelzitate und Ähnliches, die eine Sammlung und eine Handreichung für die Begleitung von Menschen auf dem Sterbebett sein sollen. Ich stelle mir vor, dass dieses Buch sogar vielleicht im Sterbezimmer liegt und dort von denen zur Hand genommen und verwendet werden kann, die der sterbenden Person in den letzten Tagen und Stunden beistehen.

Wenn von einer „ars moriendi", einer „Kunst des Sterbens" die Rede ist, bedeutet das für mich, dass es durchaus gelingen kann, die schweren Stunden des Abschieds vom Leben und die Vorbereitung darauf positiv zu gestalten. Bei aller Angst und verzweifelten Trauer wünsche ich mir, dass diese Seiten Ihnen praktisch dabei helfen und Ihnen etwas Halt und ein wenig Hoffnung geben können.

*Ludwig Waldmüller*

# I.
# Der Tod als Realität

*Es ist Faktum, dass in unserer Gesellschaft das Thema Tod und Sterben immer mehr zu einem Tabu wird. Deshalb sind schon ganz grundlegende Fragen oftmals nicht mehr präsent – und gerade deshalb sollen diese grundlegenden Fragen behandelt werden. Worüber man Bescheid weiß, davor hat man weniger Angst.*

## Wann tritt eigentlich der Tod ein? Die Sterbephasen

Wie sterben eigentlich Menschen? Diese Frage ist gar nicht so leicht zu beantworten. Wann tritt der Tod denn definitiv ein? Ist Sterben gleich Sterben? Wir beschäftigen uns einfach sehr ungern mit dem Thema der Endlichkeit unseres Daseins und deshalb auch ungern mit der Frage, wie das Sterben vor sich geht.

Zuerst einmal muss man sagen, dass das Sterben ein Prozess ist, wenn eine Person nicht plötzlich ums Leben kommt, also beispielsweise bei einem tödlichen Unfall. Wenn Menschen hingegen „im Sterben liegen", also aufgrund des Alters oder einer schweren Krankheit dem Ende ihres Lebens entgegengehen, durchlaufen sie mehrere Sterbephasen. Die Medizin nennt im Allgemeinen drei Phasen, die sich in unterschiedlich langen Zeiträumen vollziehen. Dabei sind verschiedene Symptome und Anzeichen zu beobachten, die darauf hinweisen, dass ein Mensch im Begriff ist zu sterben. Aber auch hier gilt grundsätzlich: Nicht alle Sterbeprozesse verlaufen gleich, und so individuell wie Menschen sind, so individuell ist auch der Abschied vom Leben. Das ist eine sehr gute Nachricht, wie ich finde, weil sie davon erzählt, dass wir Menschen eben diejenigen sind, die wir sind, und diese auch im Sterben und im Tod bleiben.

## Die Rehabilitationsphase

Die erste Phase des Sterbens nennt man oft die Rehabilitationsphase. In dieser Zeit werden Menschen, die krank oder alt sind, pflegebedürftig und können nicht mehr alle Aufgaben und Herausforderungen des Lebens alleine meistern. Auch hier sieht man schon, wie individuell die ganze Angelegenheit ist: Während die einen noch relativ viel selbst in die Hand nehmen können, brauchen andere relativ bald große Unterstützung. Eine gute Pflege für eine Person in dieser Phase des Lebens, die übrigens ganz unterschiedlich lange dauern kann, beachtet die Fähigkeiten des Menschen und was er oder sie noch selbst leisten kann. Manche von uns sind sehr gerne selbstbestimmt und übernehmen so viel wie möglich selbst, andere hingegen lassen sich frühzeitig helfen, sind vielleicht von alltäglichen Handlungen schon früh überfordert oder können – auch aufgrund psychischer Belastungen – vieles nicht mehr selbst erledigen. Fingerspitzengefühl ist hier angebracht; und vor allem gilt es, nicht zu vergessen, dass es sich bei der kranken, alten und sterbenden Person um einen erwachsenen Menschen handelt, um jemanden, der alle Rechte hat, selbst über sein Leben zu bestimmen. Das Gefühl, von anderen bevormundet zu werden, sollte man auf alle Fälle vermeiden. Sprechen Sie viel miteinander, auch über jene Themen, die unangenehm erscheinen. Es mag schwierig sein, Fragen der Pflege und der Vorbereitung auf das Sterben mit der eigenen Mutter oder einem guten Freund zu besprechen, aber es ist eine befreiende Sache, solche Themen auf den Tisch zu bringen. Die Erfahrung zeigt, dass es wirklich vieles löst, wenn ehrlich angesprochen wird, worum es geht. Und auch Personen, die vielleicht schon dement sind und vieles nicht mehr selbst formulieren oder verstehen können, kann man durchaus direkt ansprechen und mit ihnen planen, wie das eigene Leben aussehen kann und soll. In der Rehabilitationsphase wird die Pflegebedürftigkeit meistens mit der Zeit größer, weil auch die Krankheit oder Schwäche voranschreitet, die Lebenserwartung in dieser Phase liegt bei einigen Monaten, selten auch bei Jahren.

## Die Terminalphase

Wenn keine Heilung mehr in Aussicht gestellt werden kann, die Krankheit oder allgemeine Schwäche immer weiter fortschreitet und die Person „austherapiert" ist, spricht man gemeinhin von der Terminalphase. Manchmal beschreibt man davor noch die Präterminalphase, in der der Zustand der Person deutlich schlechter wird, man aber noch nicht von der Terminalphase sprechen möchte. In den Tagen oder Wochen dieser Phase wird das Immunsystem schwächer, die Menschen sind oft deutlich geschwächt und meist auch bettlägerig, können also nicht mehr aufstehen, sondern verbringen die meiste Zeit im Bett. In vielen Fällen kommt es dazu, dass die Sterbenden Angstzustände erleben; sie haben Angst vor dem Sterben, erfahren aber auch andere Situationen als einengend und beängstigend. Gerade da ist es wichtig, der Person beruhigend, aber auch verständnisvoll zu begegnen. Angst ist kein falsches Gefühl, sie ist real und sollte nicht wegdiskutiert werden. Angst hat viel mit Enge zu tun – und wenn man sich das Leben als einen Weg vorstellt, der am Ende auf den Tod zuführt, dann ist ein enger Abschluss dieses Weges durchaus verständlich. Mit diesem Bild möchte ich sagen: Die Angst am Ende des Lebens ist mehr als natürlich, und es ist sehr sinnvoll, diese Angst ernst zu nehmen und auch zu thematisieren. „Ich habe den Eindruck, dass du Angst hast, das kann ich sehr gut verstehen. Ich bin hier, um die schwere Zeit mit dir zu teilen und dir zu helfen, dass du deine Angst gehen lassen kannst“, ist eine Aussage, die ich gut finde, um Menschen eine Möglichkeit zu geben, über das zu sprechen, was sie bedrückt. Oftmals ist es nicht nur die körperliche Schwäche, die einen Menschen ängstigt und die Aussicht darauf, dass das Leben zu Ende geht, sondern auch, dass bestimmte Dinge noch ungeklärt sind, dass vielleicht ein Konflikt mit einer Person existiert, der nicht angesprochen oder bereinigt wurde. Es kann gut sein, solche zwischenmenschlichen Schwierigkeiten in dieser Phase noch einmal zu lösen – und wenn es nur ist, dass jemand noch einmal auf Besuch kommt, mit dem die Person schon lange keinen Kontakt mehr hatte, diesen sich aber schon lange wünscht. Zu den Symptomen der Terminalphase gehört auch oft, dass bei den Patienten Atemnot zu beobachten ist. Das Atmen fällt ihnen deutlich schwerer, was auch verunsichern kann, wenn man danebensteht. Die Konzentration der Menschen in dieser Phase des Lebens lässt oft nach, sie zeigen weniger Interesse an vielem oder ein richtiggehendes Desinteresse; vieles, was bisher eine große Rolle gespielt hat, erscheint nicht mehr wichtig. Auch das ist völlig in Ordnung und nur natürlich. Es ist gut, dann nicht mit Fleiß bestimmte Themen, die sonst doch immer wichtig waren, anzusprechen oder Dinge tun zu wollen, die doch sonst „immer wichtig waren“. Wenn die Kraft fehlt, sich zu interessieren und anderes zu tun, als gerade möglich ist, dann darf genau das auch geschehen. Lassen Sie zu, dass manches im Leben der sterbenden Person seine Bedeutung verliert. Beobachtet wird in dieser Phase auch eine Appetitlosigkeit. Menschen verlieren die Lust am Essen, das vorher doch recht oft ein wichtiges, den Tag strukturierendes Moment gewesen war. Auch zu Inkontinenz kann es kommen, weil der Körper nicht mehr die Kraft hat, alles zu kontrollieren. Bei Menschen in dieser Phase kann man öfters auch das sogenannte „Todesdreieck" beobachten, das bedeutet, dass in ihrem Gesicht eine besondere Blässe zu erkennen ist, genauerhin zwischen Mund und Nase; es ist ein Anzeichen für den nahenden Tod.

## Die Finalphase

Die letzte Phase des Lebens und Sterbens bezeichnet man als Finalphase. In der Regel findet diese in den letzten 48 Stunden vor dem Tod statt. Auch hier gilt: Jede Person hat ihren je eigenen Weg. Wenn Menschen fast nur noch schlafen und ganz wenig sprechen, ist das oft ein Zeichen für den Beginn des letzten Teils des Sterbeprozesses. Der Stoffwechsel fährt herunter, Hunger und Durst werden so gut wie nicht mehr empfunden. Dadurch lässt auch die Durchblutung nach, der Körper trocknet aus. Außerdem wird die Atmung flacher und unregelmäßiger, manchmal hat man das Gefühl, die Atmung würde für längere Momente ausfallen oder sie atmen deutlich hörbar und angestrengt mit einem Rasseln der Lunge, was für eine Person, die am Bett steht, eine schwierige Erfahrung sein kann. Insgesamt lassen die Körperfunktionen nach. Aber auch hier gilt: Wie der Sterbeprozess im Einzelnen verläuft und welche Anzeichen auf ein baldiges Sterben hindeuten, ist immer unterschiedlich. Symptome in der Finalphase sind neben den bereits angeführten auch eine schlaffe Muskulatur, blasse, gräuliche Verfärbung der Haut, die Bildung dunkler Flecken auf der Haut, das Einsinken der Augen- und Wangenpartie.

Wann der Tod tatsächlich eingetreten ist, ist schwer zu definieren, weil man unterschiedliche Kriterien dafür festlegen kann. Grundsätzlich kann man aber sagen: Wenn alle Lebensfunktionen eines Organismus endgültig stillstehen, ist der Tod eingetreten. Nach medizinischen Kriterien ist dies ein Vorgang, der in mehreren Stufen abläuft: In der Phase der *Vita reducta* ist noch Herz- und Atemtätigkeit vorhanden, während sie in der *Vita minima* nicht mehr festzustellen ist. Ein Mensch, der sich in diesem Zustand befindet, kann unter Umständen durch Herzdruckmassage und Beatmung wiederbelebt (reanimiert) werden. Damit gehört auch die *Vita minima* noch zur vitalen Phase, also zum Leben.

Der Eintritt des Hirntods gilt heute als Todeszeitpunkt. Mit ihm versiegt auch die Aktivität des Gehirns. Wahrnehmung, Bewusstsein und die zentrale Steuerung elementarer Lebensfunktionen fallen für immer aus. Für jedes einzelne Organ gibt es einen individuellen Zeitraum, in dem bei nachlassender Funktionsfähigkeit ein Weiterleben möglich wäre (da greift das Thema der Organspende), wenn die Versorgung mit Nährstoffen und Sauerstoff wieder aufgenommen werden würde. Nach Ablauf dieser Zeitspanne ist das nicht mehr möglich und das Organ stirbt endgültig ab.

Wichtig ist mir zu sagen: Wenn der Sterbeprozess einmal fortgeschritten ist, lässt er sich nicht mehr aufhalten. So schwer diese Erkenntnis ist, und so gerne man einen geliebten Menschen halten und ins Leben zurückholen würde, so sehr ist doch zu akzeptieren, dass der Tod kommt. Aber die Zeit dorthin und darüber hinaus lässt sich für alle Beteiligten sinnvoll gestalten, und genau dazu gibt es in den nächsten Kapiteln entsprechende Hilfestellungen.

# II.
# Der Tod
# als Erfahrung

*Holzschnittartig werden klassische Themen aus der Literatur über das Sterben und den Umgang damit erklärt. Vielen Menschen sind Beschreibungen von Nahtoderfahrungen wichtige Hilfestellungen – und die Begleitung von Sterbenden zu erklären, soll helfen, bei der Frage: Soll die sterbende Person in ein Hospiz verlegt werden oder von einer ambulanten Palliativversorgung begleitet werden? eine fundierte Entscheidung treffen zu können.*

## Die inneren Phasen des Sterbeprozesses

Neben den Phasen des Sterbeprozesses, die im vorangegangenen Kapitel beschrieben wurden, gibt es noch eine weitere Beobachtung, was den Weg einer sterbenden Person angeht. Die Psychiaterin Elisabeth Kübler-Ross hat 1969 fünf Phasen beschrieben, die sie aus Gesprächen mit 200 Sterbenden herausgearbeitet hat. Dabei handelt es sich um eine Hilfestellung, die erklären kann, was in der Seele von Menschen los ist, die damit konfrontiert sind, dass es auf ihren eigenen Tod zugeht. Dabei ist wichtig zu wissen, dass diese Phasen nicht unbedingt alle hintereinander stattfinden müssen, sie können auch gleichzeitig stattfinden oder einzelne übersprungen werden. Von ihnen zu wissen, kann aber den Umgang mit sterbenden Personen erleichtern.

Elisabeth Kübler-Ross beschreibt als erste Phase das Nicht-Wahrhaben-Wollen. Patienten, die von einer tödlichen Erkrankung erfahren, wollen nicht akzeptieren, eben nicht wahrhaben, dass sie von einer Krankheit betroffen sind, die nicht mehr aufzuhalten ist. Der Schock über den eigenen Zustand führt dazu, dass ihn die Sterbenden verdrängen und sich häufig auch isolieren. Sie hoffen darauf, dass der Arzt oder die Ärztin sich geirrt hat. Dass diese Phase auftritt, ist sehr verständlich. Sich mit dem Tod, und zwar gerade mit dem eigenen, zu beschäftigen, ist emotional sehr belastend. Es kann auch geschehen, dass nicht nur die Person selbst, die die Nachricht über die todbringende Krankheit erhält, eine solche Phase des Nicht-Wahrhaben-Wollens erlebt, sondern auch ihr Umfeld: Auch Partnerin und Partner, Kinder und Freunde können die gleiche Haltung einnehmen. Manchmal kann es schwer sein, diese Phase zu ertragen, weil sich Betroffene weigern, eine Behandlung anzunehmen, getreu dem Motto: „Das kann ja nicht stimmen, also brauche ich auch diese oder jene Hilfe nicht." Wichtig ist zu verstehen, dass eine solche Phase stattfindet und nicht ungeduldig oder gar schroff zu reagieren. Geduldig immer wieder darauf hinzuweisen, dass die Diagnose wohl doch stimmen könnte, kann einen guten Beitrag leisten, diese Phase zu überwinden.

Als zweiten Abschnitt beschreibt die Psychiaterin den Moment des Zorns. In dieser Phase brechen oft negative Emotionen wie Wut und eben Zorn aus den betroffenen Personen heraus. Sterbende fragen sich, warum gerade ihr Schicksal eine tödliche Krankheit ist: „Warum gerade ich?" Hier ist es wichtig zu wissen, dass sich die Wut nicht direkt gegen die Angehörigen richtet, sondern beispielsweise auch gegen alle Gesunden. Auch hier hilft das Bewusstsein, dass es sich um diese Phase handeln kann, dabei, mit der Situation richtig umzugehen. Der Mensch, der mit der Nachricht über die schwere Krankheit konfrontiert ist, will nicht auf die ihn Begleitenden losgehen, er oder sie versucht auf diese Weise unbewusst mit der Situation umzugehen. Sie sollten Zorn- und Wutausbrüche also auf keinen Fall persönlich nehmen, sondern auch in diesem Fall mit Geduld und Verständnis reagieren. Tatsächlich kann hier genauso gelten, dass Angehörige genau dieselbe Emotion teilen – Zorn und Wut kann man auch empfinden, wenn die Nachricht aufkommt, dass eine nahestehende Person unheilbar erkrankt ist und dem Tod entgegengeht.

Die dritte Phase bei Kübler-Ross ist das Verhandeln. Die betroffene Person sucht nach Möglichkeiten, den Tod hinauszuzögern. Oft kommt es dabei zu Verhandlungen mit Ärzten, mit Gott, dem Schicksal und so weiter. Manchmal spielen dabei besondere Ziele eine Rolle, zum Beispiel das Erleben der Geburt eines Enkelkindes oder die Reise, die schon lange ein Traum war ... Es kann sein, dass die Betroffenen als Ausgleich vorschlagen, moralischer, gesünder, bewusster oder intensiver zu leben. In dieser Phase spielt die Hoffnung eine große Rolle; die Hoffnung nämlich, das Unumgängliche noch hinauszuzögern. Im Kontakt mit der sterbenden Person ist es wichtig, die Hoffnung – die ja immer etwas Positives ist! – nicht zu zerstören, aber auch keine falschen Hoffnungen zu wecken und zu nähren, sondern mit Fingerspitzengefühl auf die Situation zu reagieren. Es kann eine gute Idee sein, gerade die Wünsche zu erfüllen, die als Ziele genannt werden – also zum Beispiel die eine Reise noch zu ermöglichen. In dieser Phase sind die Betroffenen übrigens sehr offen für Behandlungen.

Als Viertes beobachtet Elisabeth Kübler-Ross die Depression. Die Person trauert um vertane Chancen im Leben, um Momente, die nicht gelebt oder erlebt wurden, und auch generell um das Leben, das zu Ende geht. In dieser Phase möchten betroffene Menschen oft Dinge regeln, Kontakt zu anderen Personen haben und haben meist auch einen großen Redebedarf. Wichtig ist, die depressive Stimmung ernst zu nehmen und nicht zu versuchen, sie „wegzutrösten". Es gehört zum Abschied dazu zu sehen, dass jetzt vieles endet und dass noch Dinge zu regeln und zu klären sind. Besondere Erlebnisse, gemeinsame Zeit und der Blick auf positive Erfahrungen können in dieser Phase eine Brücke sein, um den schwierigen Weg zu gehen.

Die letzte der Phasen trägt den Titel der Zustimmung. Die betroffene Person akzeptiert das Faktum, dass der Tod gekommen ist, und geht ihm ruhig entgegen. Manchmal kann das auch bedeuten, dass sie wenig spricht, viel in sich gekehrt ist, vielleicht sogar Gespräche oder Behandlungen ablehnt. Für Angehörige kann das auf der einen Seite tröstlich sein, weil die Person ruhig dem entgegengeht, was da auf sie zukommt, auf der anderen Seite kann es belastend sein, weil damit zu akzeptieren ist, dass der Partner, die Freundin oder der Vater nun endgültig auf den Tod zugeht. Dem Wunsch nach Ruhe, der in dieser Phase oft auftaucht, sollte auf jeden Fall Raum gegeben werden, auch wenn es manchmal schwierig ist, weil das bedeutet, die Endgültigkeit zu akzeptieren. Der ruhige Abschied kann aber so tragend und tröstend sein.

## Nahtod-Erfahrungen und ihre Bedeutung

Ein Thema, das in diesem Zusammenhang auch eine große Rolle spielt, ist das weite Feld der Nahtoderfahrungen. Immer wieder berichten Menschen davon, dass sie in lebensbedrohlichen Situationen besonders schöne oder beeindruckende Erfahrungen gemacht haben, bevor sie „wieder ins Leben zurückgeholt" wurden. Raymond A. Moody gilt als Pionier der Forschung in diesem Bereich und hat das Thema einer breiten Öffentlichkeit zugänglich gemacht. Sein 1975 veröffentlichtes Buch „Leben nach dem Tod: Die Erforschung einer unerklärlichen Erfahrung" ist ohne Zweifel der Klassiker auf diesem Gebiet. Der US-amerikanische Psychiater war einer der ersten, der die Erlebnisse von Patienten, die

„klinisch tot“ waren und wiederbelebt wurden, systematisch-wissenschaftlich untersuchte. Dabei zeigte sich eine hohe Übereinstimmung der Berichte. So ist davon die Rede, dass Menschen an der Schwelle zum Tod erst eine laute Geräuschwahrnehmung haben, bevor sie sich durch eine Röhre oder einen Tunnel bewegen, oft auf ein Licht hin. Meist berichten sie dann auch davon, dass sie sich selbst daraufhin von außen sehen, einen anderen Körper wahrnehmen und Personen begegnen, die ihnen wichtig sind. Außerdem ist von wohligen Gefühlen, von Liebe und Geborgenheit die Rede. Viele sagen auch, dass sie es schade fanden, wieder ins Leben zurückgeholt worden zu sein. Das Thema wurde in Wissenschaft und Medien viel diskutiert; zum Teil werden Erklärungen auf religiösem Gebiet gegeben, zum Teil von Reaktionen im Gehirn gesprochen. Sich damit auseinanderzusetzen, kann manchen Menschen helfen, die Angst vor dem Tod zu nehmen, manch einer aber kann damit auch wenig anfangen. Meines Erachtens ist es eine fruchtbare Art und Weise, sich mit dem Thema des Todes auseinanderzusetzen.

## Die Hospizbewegung

Ausgehend von England entwickelte sich seit den 1960er-Jahren, übrigens unter anderen auch durch die Initiative der oben schon zitierten Elisabeth Kübler-Ross, die Hospizbewegung. Hintergrund dieser Bewegung ist es, das Sterben ins Leben zu integrieren und auf das immer weiter reichende Hinausdrängen des Sterbens aus dem Alltag der Menschen zu reagieren. Sterbenden, die keine therapierende Behandlung mehr bekommen können, weil ihre Krankheit zu weit fortgeschritten ist, soll mit der Hospizbewegung der Prozess des

Sterbens bestmöglich begleitet und damit erleichtert werden. Neben stationären Hospizen, in denen Sterbende als Gäste aufgenommen und bis an ihr Lebensende begleitet werden, gibt es auch ambulante Hospizdienste, die die Sterbenden zu Hause oder beispielsweise in Pflegeheimen betreuen. Dabei kommt einer pflegerischen und seelsorgerlich-psychologischen Betreuung eine ebenso große Bedeutung zu wie der Palliativversorgung, also der medizinischen Begleitung von Menschen, deren Leiden nicht mehr geheilt, sehr wohl aber gelindert werden kann. Es ist durchaus zu empfehlen, sich mit der Frage der Hospizbegleitung und der Palliativversorgung eines sterbenden Angehörigen auseinanderzusetzen. Ein Platz in einem Hospiz kann ein sehr guter Ort für einen Menschen sein, der sich in der letzten Phase seines Lebens befindet, weil sich dort sowohl Angestellte als auch ehrenamtlich Mitarbeitende befinden, die in der Begleitung von Sterbenden ausgebildet sind und die bestmögliche Betreuung bieten können. Aber auch die ambulante Betreuung zu Hause ist ein großer Segen, weil so Schmerzen gelindert und seelische Probleme angegangen werden können. Haben Sie keine Scheu, sich mit diesem Thema zu beschäftigen! Informieren Sie sich über Möglichkeiten, die es für Sie in Wohnsitznähe gibt. Auch in Ihrer Hausarztpraxis kann man Ihnen im Normalfall weiterhelfen, was das Einschalten von palliativmedizinischer Betreuung angeht. Jemanden palliativ zu versorgen, bedeutet nicht, ihm den Tod an den Hals zu wünschen oder ihn aufzugeben. Es bedeutet, den schweren Weg am Ende des Lebens etwas zu vereinfachen und gangbarer zu machen. Die Hospizbegleitung gibt es, wie gesagt, in ganz unterschiedlicher Art und Weise – im stationären Hospiz, im Tageshospiz, im Krankenhaus, im Hospizzimmer im Pflegeheim, in der ambulanten Betreuung zu Hause, in der Hospizbetreuung für sterbende Kinder oder Jugendliche und so weiter. Es gibt auch für Ihre Angehörigen die richtige Hilfe; scheuen Sie sich nicht, diese in Anspruch zu nehmen.

## Die Sterbebegleitung

Denn damit sind wir mitten im Thema der Sterbebegleitung. Dieser Begriff beschreibt eine große Bandbreite von Hilfestellungen am Ende des Lebens. Die Erfahrung ist, dass niemand gerne mit dem Tod und dem Sterben alleine gelassen wird. Wenn ein Mensch aus dem Leben scheidet, ist das nicht nur eine Angelegenheit dieser Person, sondern auch von all jenen, die um ihn herum sind. Sterbebegleitung meint, dass man den Weg zum Tod hin mitgeht, auch wenn das durchaus herausfordernd sein kann. Oft reicht es, einfach da zu sein. Mit der Person zu beten, wenn sie religiös ist. Körperkontakt zu schenken, wenn das gewünscht ist – das berühmte Halten der Hand ist ein nicht zu unterschätzendes Detail. Vorlesen am Sterbebett, Teilen von Erinnerung, passende Musik und vieles mehr sind Hilfen, um das Sterben einer Person zu begleiten. Auch in einem Pflegeheim oder einem Krankenhaus haben Sie die Möglichkeit, für die Person da zu sein, Zeit mit ihr zu verbringen und so einen ganz wichtigen Dienst zu tun. Hilfe gibt es, wie oben beschrieben, bei der Hospizbewegung; oftmals gibt es ehrenamtliche Hospizbegleiterinnen und Hospizbegleiter in Ihrer Nähe, die gerne zu Ihren Angehörigen auf Besuch kommen und Sie in der Begleitung der Sterbenden unterstützen. Nehmen Sie auch Kontakt zu einer Seelsorgerin oder einem Seelsorger Ihrer Gemeinde auf – diese sind dafür da, Menschen zu begleiten, und oft haben Menschen am Ende ihres Lebens das große Bedürfnis, mit jemandem zu reden, der für die jeweilige Religionsgemeinschaft steht. Für katholische Christinnen und Christen ist die Krankenkommunion, bei der der Leib Christi zu denen gebracht wird, die nicht mehr in den Gottesdienst kommen können, eine wichtige Möglichkeit, das religiöse Leben weiterzuführen. Und das Sakrament der Krankensalbung soll auf dem Weg der Krankheit stärken und helfen. Dieses Sakrament ist nicht die „Letzte Ölung", also das Tüpfelchen auf dem i, das zeigt: jetzt geht es dem Ende entgegen!, sondern eine sehr gute Möglichkeit, Trost und Kraft zu schenken. Mir ist es persönlich wichtig, das zu unterstreichen, denn ich habe bei der Feier dieses Sakramentes sehr viele beeindruckende Erfahrungen gemacht und erleben dürfen, wie Menschen tatsächlich gestärkt wurden. Scheuen Sie sich nicht, um dieses Sakrament zu bitten! Trauen Sie sich, es bei der schwerkranken Person anzusprechen. Begleiten Sie Ihre Angehörigen auf dem letzten Weg – das ist nicht nur gut für diejenigen, die den letzten Weg gehen, sondern auch für diejenigen, die den Ihren bewusst auf diesem Weg beistehen.

# III.
# Der Tod als Aufgabe

*Vieles ist zu tun, wenn man sich mit dem Tod beschäftigt, nicht nur das Begleiten der Person, die beobachtbar auf den Tod zugeht, sondern auch die Vorbereitung der eigenen Situation, wenn man einmal nicht mehr entscheiden kann. Mit praktischen Vorschlägen soll es genaue Hilfestellungen für dieses Thema geben.*

## Die Begleitung Sterbender

Einen sterbenden Menschen nicht alleine zu lassen, bedeutet im Umkehrschluss, mit ihm das Leben zu teilen. So selbstverständlich es ist, so sehr kommt es oft nicht vor: Ein Mensch, der im Sterben liegt, ist weiterhin Teil der Familie, gehört dazu. Mit ihm zusammen zu essen, ihm vom Tag zu erzählen, ihn mit den Neuigkeiten aus dem Umfeld zu versorgen, ist genauso möglich, wie es vorher möglich war. Wenn es auf das Sterben zugeht, muss nicht alles andere gleich bedeutungslos geworden sein. Im Gegenteil: Alles spielt eine Rolle, und so gut es geht, sollte der Alltag aufrechterhalten werden. Haben Sie keine Angst davor, all das miteinander zu teilen, was sie vorher auch immer miteinander geteilt haben. Und wenn vieles vielleicht etwas schwieriger wird, dann ist es trotzdem möglich! Möchten Sie ein kleines Beispiel? Wenn man immer wieder gerne ein Sektfrühstück hatte – warum sollte das (in den Möglichkeiten, die die Medikation bietet natürlich) nicht auch am Sterbebett möglich sein? Oder wenn man gerne Fotos miteinander angesehen, eine bestimmte Fernsehsendung geschaut oder bestimmte Musik miteinander gehört hat – dann auf! Das ist auch im Sterbezimmer machbar. Und wenn der Weg in den Garten auf irgendeine Weise zu bewerkstelligen ist und die Person dort gerne hinmöchte – dann nur zu! Warum ich das so plakativ schreibe? Weil ich ganz oft erfahren habe, dass Menschen in dem Moment, in dem ihre Angehörigen auf den Tod zugehen, ihr ganzes Leben umstellen und so der Person das Gefühl geben könnten, zu einer Belastung zu werden. Wenn aber das, was bisher schon zum Leben gehört hat, auch weiterhin dazugehört, dann integriert man das schwierige Thema Sterben direkt in den Alltag. Und auch das möchte ich gerne noch sagen: Trauen Sie sich, die sterbende Person zu fragen, was sie denn gerne hätte. Vielleicht ist da wirklich ein Wunsch, den Sie ganz leicht – oder auch mit etwas Aufwand – erfüllen können. Das ist für alle Beteiligten eine schöne Sache und wird Ihnen allen helfen, mit der Situation des drohenden Todes besser umzugehen.

Die christliche Tradition kennt die Begleitung von Sterbenden seit Anfang an. Klassische Formen davon sollen hier nun etwas genauer beschrieben werden.

## Beten mit Sterbenden

Zuallererst ist natürlich für Menschen, die religiös leben, auch und gerade in der Zeit des Sterbeprozesses das Gebet eine ganz wichtige Erfahrung. Dabei ist es meiner Meinung nach besonders wichtig, die Gebetsformen zu pflegen, die der Person in ihrem Leben schon wichtig sind. Deshalb sollte bei einer Person, die gerne den Rosenkranz betet, dieser auch in Reichweite am Bett liegen. Bei einer Person, die gerne in der Bibel liest, sollte diese in der Nähe sein, auch wenn sie vielleicht selbst nicht mehr darin lesen kann; allein die Verfügbarkeit des Buches ist aber schon ein wichtiges Zeichen. Überhaupt glaube ich, dass der *Raum*, in dem die sterbende Person wohnt, *besonders hergerichtet* werden darf: Denn die Wohnung, in der wir leben, sagt viel über uns selbst aus. Und:

Wir verwenden meist sehr viel Zeit und Liebe dafür, sie so einzurichten, dass wir uns darin wohlfühlen. Bilder hängen an der Wand, die etwas von uns erzählen, die Erinnerungen spiegeln. Vielleicht sind Pflanzen da, die uns Lebendigkeit vermitteln. Oder es gibt die Stereoanlage, den Fernseher, das Bücherregal, den Hometrainer, einen Notenständer – lauter Dinge, die von uns und unserem Leben, von unseren Vorlieben und unseren Interessen erzählen, die dafür sorgen, dass aus einem Raum mit vier Wänden unsere ganz persönliche Heimat wird.

Genau diese Gedanken sind auch dann wichtig, wenn ein Mensch im Sterben liegt. In den letzten Tagen, Stunden und Minuten des Lebens ist ganz viel von dem wichtig, was das Leben der Person ausgemacht hat. Deshalb schlage ich Ihnen vor, den Raum, in dem die sterbende Person lebt, so herzurichten, dass der Raum möglichst angenehm für die Person ist. Wenn sie eine besondere Musik gerne gehört hat, dann ist es gut, wenn diese Musik – nicht zu laut! – in dem Raum zu hören ist. Sie sollte nicht immer laufen, aber zwischendurch sind schöne Klänge wohltuend. Eine Duftlampe oder ein anderes Gerät, mit dem angenehme Gerüche im Raum verbreitet werden können, sind eine gute Idee. Eine leichte Note von Lavendel, Fichte, Rose oder was auch immer kann den Aufenthalt in einem Raum viel angenehmer machen. Sorgen Sie auch dafür, dass der Raum immer wieder gelüftet wird und es genug Sauerstoff im Raum gibt. Frische Luft lässt aufatmen.

Vielleicht gibt es auch andere Erinnerungsstücke, die der Person besonders wichtig sind: Etwas, an dem sie sich immer gerne festgehalten hat. Das kann zum Beispiel der Rosenkranz sein, den die Person immer in der Hosentasche hatte. Oder vielleicht ein Kissen, das immer auf dem Lieblingssessel gelegen hat. Solche Dinge in der Hand halten zu können, kann manchmal sehr beruhigend wirken. Sie können Halt und Sicherheit vermitteln. Es kann aber auch sein, dass die sterbende Person gerade gar nichts in den Händen halten möchte. Dann ist es vielleicht eine sinnvolle Sache, das Erinnerungsstück einfach in Sichtweite da zu haben.

So etwas gilt auch für Bilder, die der Person etwas bedeuten. Bilder aus der eigenen Lebensgeschichte, Bilder von der Familie, von Menschen, die der Person wichtig sind.

Tatsächlich geht es nicht darum, den Raum vollzupropfen oder möglichst viel heranzuholen Mein Vorschlag ist vielmehr, den Raum so herzurichten, dass die Person, um die es geht, gerne darin ist. Wichtig ist natürlich vor allem, dass Menschen da sind, die der Person wichtig sind, Menschen, die sie begleitet haben und deren Anwesenheit einfach guttut und Sicherheit vermittelt. Dabei müssen diese Menschen nicht dauernd da sein, aber zu wissen, dass man gerade in einem so schweren Moment nicht alleine ist, macht Mut.

Auch wenn der Eindruck entstehen könnte, dass die Person, die im Sterben liegt, das alles gar nicht mitbekommt – richten Sie den Raum trotzdem so her. Ich bin davon überzeugt, dass Menschen, die abwesend erscheinen, oft viel mehr wahrnehmen, als wir uns vorstellen können.

Wenn die sterbende Person bestimmte religiöse Darstellungen gerne hatte, zum Beispiel eine bestimmte Figur oder ein besonderes Bild, können Sie auch diese Sache in das Sterbezimmer bringen. Es muss nicht alles in der Nähe des Bettes sein, es reicht, wenn die besondere Requisite da ist, gezeigt werden kann – oder einfach im Raum ihren Platz hat. Aber auch hier gilt: Es geht nicht darum, alles herzubringen, was der Person wichtig war, das würde wahrscheinlich den Raum und die Situation überfrachten, aber so manches Utensil kann sehr hilfreich und beruhigend sein und eine gute Atmosphäre schaffen. Sie selbst kennen die Person, um die es geht – und Sie wissen, was in dieser Situation das Richtige ist.

## Der Rosenkranz

Eine Gebetsform, die am Sterbebett klassisch ist, ist das Rosenkranzgebet. Viele Menschen haben dieses ihr ganzes Leben lang praktiziert, und auf dem Sterbebett kann es daher in besonderer Weise hilfreich sein. Zum einen kann man sich an den Perlen des Rosenkranzes „festhalten", weil man etwas in der Hand hält, das einem bekannt und vertraut ist. Zum anderen besteht der Rosenkranz aus einer Reihe festgelegter Gebete, die einfach hintereinander gereiht werden – und die meistens im Gedächtnis der Person so verankert sind, dass sie sie ohne Probleme mitsprechen kann. Aber auch wenn das nicht mehr funktioniert: Ich habe oft erfahren, dass Sterbende direkt dabei sind, wenn der Rosenkranz gebetet wird. Aber – wie ging das gleich wieder mit dem Rosenkranz? Man beginnt mit dem Kreuzzeichen und sagt dazu:
Im Namen des Vaters und des Sohnes und des Heiligen Geistes.

Es folgt das Glaubensbekenntnis:
Ich glaube an Gott, den Vater, den Allmächtigen, ...

Es folgt:
Ehre sei dem Vater ...
Bei der ersten Perle direkt über dem Kreuz am Ende des Rosenkranzes, das man jetzt berührt, betet man das Vaterunser:
Vater unser im Himmel, ...

Dabei wird bei diesem Gebet im Rosenkranz der Zusatz „Denn dein ist das Reich und die Kraft und die Herrlichkeit in Ewigkeit. Amen" weggelassen.

Die drei Perlen, die dann folgen, sind spezielle: Man betet, wobei man sie zwischen die Finger nimmt, je ein „Gegrüßet seist du, Maria". Dieses Gebet wird aber beim Rosenkranzgebet üblicherweise unterbrochen, weil nach dem Wort „Jesus" noch etwas Eigenes hinzugefügt wird.

Bei der ersten Perle: „... Jesus, der in uns den Glauben vermehre", bei der zweiten Perle: „... Jesus, der in uns die Hoffnung stärke" und bei der dritten Perle „... Jesus, der in uns die Liebe entzünde".

Der Text des „Gegrüßet seist du, Maria" lautet:
Gegrüßet seist du, Maria, voll der Gnade, der Herr ist mit dir. Du bist gebenedeit unter den Frauen, und gebenedeit ist die Frucht deines Leibes, Jesus.
Hier folgt nun der Einschub. Dann geht das Gebet weiter:
Heilige Maria, Mutter Gottes, bitte für uns Sünder, jetzt und in der Stunde unseres Todes. Amen

Nach den drei „Gegrüßet seist du, Maria" folgt dann ein „Ehre sei dem Vater".

Dieses betet man bei der ersten großen oder allein stehenden Perle des Rosenkranzes. An dieses Gebet schließt sich ein „Vaterunser" an – und daran bei den zehn weiteren Perlen jeweils ein „Gegrüßet seist du, Maria" und am Ende wieder ein „Ehre sei dem Vater". Die zwölf Gebete, also das „Vaterunser", die zehn „Gegrüßet seist du, Maria" und das „Ehre sei dem Vater" nennt man ein „Gesätz". In einem Gesätz spricht man jedes Mal beim „Gegrüßet seist du, Maria" nach dem Wort „Jesus" dieselben Worte. Es sind die „Geheimnisse" des freudenreichen, des lichtreichen, des schmerzhaften oder des glorreichen Rosenkranzes.

Das letzte Gesätz schließt mit dem Kreuzzeichen.
Manche Beterinnen und Beter schließen an jedes Gesätz auch noch gerne ein Gebet an, das in Fatima seinen Ursprung hat. Dieses lautet:
O mein Jesus, verzeih uns unsere Sünden, bewahre uns vor dem Feuer der Hölle, führe alle Seelen in den Himmel, besonders jene, die deiner Barmherzigkeit am meisten bedürfen.

Die Geheimnisse des Rosenkranzes lauten:

*Die freudenreichen Geheimnisse*
(über die Geburt und Kindheit Jesu) 1 ... Jesus, den du, o Jungfrau, vom Heiligen Geist empfangen hast; 2 ... Jesus, den du, o Jungfrau, zu Elisabet getragen hast; 3 ... Jesus, den du, o Jungfrau, in Betlehem geboren hast; 4 ... Jesus, den du, o Jungfrau, im Tempel geopfert hast; 5 ... Jesus, den du, o Jungfrau, im Tempel wiedergefunden hast.

*Die lichtreichen Geheimnisse*
(über das Wirken Jesu) 1 ... Jesus, der von Johannes getauft worden ist; 2 ... Jesus, der sich bei der Hochzeit in Kana geoffenbart hat; 3 ... Jesus, der uns das Reich Gottes verkündet hat; 4 ... Jesus, der auf dem Berg verklärt worden ist; 5 ... Jesus, der uns die Eucharistie geschenkt hat.

*Die schmerzhaften Geheimnisse*
(über das Leiden und Sterben Jesu) 1 ... Jesus, der für uns Blut geschwitzt hat; 2 ... Jesus, der für uns gegeißelt worden ist; 3 ... Jesus, der für uns mit Dornen gekrönt worden ist;

4 ... Jesus, der für uns das schwere Kreuz getragen hat; 5 ... Jesus, der für uns gekreuzigt worden ist.

*Die glorreichen Geheimnisse*
(über die Auferstehung Jesu) 1 ... Jesus, der von den Toten auferstanden ist; 2 ... Jesus, der in den Himmel aufgefahren ist; 3 ... Jesus, der uns den Heiligen Geist gesandt hat; 4 ... Jesus, der dich, o Jungfrau, in den Himmel aufgenommen hat; 5 ... Jesus, der dich, o Jungfrau, im Himmel gekrönt hat.

Sie können auch beispielsweise nur ein Gesätz des Rosenkranzes beten, also sich auf das „Vaterunser", die zehn „Gegrüßet seist du, Maria" und das „Ehre sei dem Vater" beschränken. Wenn die sterbende Person sehr müde ist, ist das unter Umständen eine passende Form. Aber: Sie können natürlich den Rosenkranz auch weiterbeten, wenn der oder die Sterbende bereits eingenickt ist oder auf eine andere Art und Weise den Eindruck vermittelt, nicht ganz dabei zu sein. Es ist auch eine schöne Tradition, wenn mehrere miteinander am Sterbebett den Rosenkranz beten.

Andere Gebetstexte und auch Texte aus der Heiligen Schrift eignen sich natürlich auch sehr, um am Bett eines Kranken oder einer Sterbenden vorgetragen zu werden. Im nächsten Kapitel ist dafür eine Auswahl zusammengestellt.

## Die Krankenkommunion

Eine gute Form der religiösen *Begleitung von Kranken und Sterbenden* ist die Krankenkommunion oder das Abendmahl für Kranke. Dabei kommt eine Person aus der Gemeinde, eine Seelsorgerin oder ein Seelsorger, ein Priester, ein Diakon oder die Pfarrerin oder auch eine Kommunionhelferin oder ein Kommunionhelfer und bringt den Leib Christi. Miteinander wird gebetet, und dann kann die kranke Person die Kommunion oder das Abendmahl empfangen. Das geht auch, wenn Schluckbeschwerden vorliegen, mit nur ganz kleinen Teilchen der Hostie, sodass es meistens möglich ist. Sollte eine Person gar nicht mehr schlucken können, kann der Sakramentenempfang natürlich auch durch einen Segen ersetzt werden. Unter Umständen kann die Krankenkommunion auch mit der Mitfeier eines Fernseh- oder Radiogottesdienstes kombiniert werden, sodass die Person am ganzen Gottesdienst teilhaben kann, wenn ihr das möglich ist und sie das möchte. In Pflegeheimen ist es auch üblich, dass der Leib Christi im Anschluss an den Gottesdienst, der im Haus gefeiert wird, zu den Menschen gebracht wird, die nicht mehr selbst an der Feier in der Kapelle teilnehmen können, aber gerne das Sakrament empfangen möchten.

Ein grundsätzlicher Ablauf der Krankenkommunion sieht folgendermaßen aus:

Eröffnung
Kyrie-Rufe oder Schuldbekenntnis
Gebet
Schriftlesung
Stille oder kurze Auslegung
Fürbitten
Vaterunser
Einladung zur Kommunion
Stille
Dankgebet
Segen

Je nachdem wie gut die kranke Person folgen kann und wach ist, kann natürlich der Ablauf auch verkürzt, bzw. variiert werden. Außerdem ist es durchaus denkbar, miteinander das eine oder andere Lied zu singen, am Schluss empfiehlt sich ein Marienlied. Das hängt natürlich einfach davon ab, ob die Anwesenden das tun möchten oder können. Für die Anwesenden gilt übrigens: Es ist schön, wenn Sie selbst mit Ihrem Angehörigen zusammen die Hauskommunion mitfeiern; Sie müssen den Raum nicht verlassen, im Gegenteil! Je mehr Menschen miteinander beten, umso besser! Die Krankenkommunion kann natürlich auch im Liegen empfangen werden, wenn es der Person nicht möglich ist, sich aufzusetzen. Bei dieser kleinen Feier ist es auch schön, wenn der Raum etwas bereitet wird, wenn also zum Beispiel eine Kerze brennt, ein besonderes Tischtuch auf dem Nachtkästchen liegt oder Blumen da sind. Es darf durchaus eine feierliche Atmosphäre für diesen Moment entstehen.

## Die Krankensalbung

Eine weitere klassische Form der Begleitung von Kranken und Sterbenden ist in der katholischen Tradition die Feier des Sakraments der Krankensalbung. Sie können über Ihre Gemeinde einen Priester um die Krankensalbung bitten – und diese kann man durchaus auch öfter empfangen. Im Jakobusbrief (Jak 5,14 f.) steht: „Ist einer von euch krank? Dann rufe er die Ältesten der Gemeinde zu sich: Sie sollen über ihn beten und ihn im Namen des Herrn mit Öl salben. Das Gebet aus dem Glauben wird den Kranken retten, und der Herr wird ihn aufrichten; wenn er Sünden begangen hat, werden sie ihm vergeben." Es geht bei diesem Sakrament also um das Aufrichten, körperlich wie seelisch. Zum Ritus gehört, dass die Person, die um das Sakrament bittet, vom Priester schweigend die Hände aufgelegt bekommt; außerdem wird sie in die Handinnenflächen und auf die Stirn mit dem Krankenöl, einem der drei heiligen Öle der kirchlichen Tradition (die anderen beiden sind das Katechumenenöl und der heilige Chrisam), gesalbt. Dazu spricht der Priester: „Durch diese heilige Salbung helfe dir der Herr in seinem reichen Erbarmen, er stehe dir bei mit der Kraft des Heiligen Geistes: Der Herr, der dich von Sünden befreit, rette dich, in seiner Gnade richte er dich auf." Die Krankensalbung kann auch gut mit der Spendung der Krankenkommunion verbunden werden. Außerdem ist es so, dass immer wieder kranke Menschen bei dieser Gelegenheit auch beichten möchten – dann sollten für den Moment der Beichte alle anderen anwesenden Personen den Raum verlassen, um das Beichtgeheimnis zu wahren.

## Der Versehgang

Eng verbunden mit der Krankensalbung ist der sogenannte Versehgang in unmittelbarer Todesgefahr; das ist die Krankensalbung in Kombination mit der Kommunion, die man in diesem Falle auch „Wegzehrung" nennt. Dazu kann auch die Beichte kommen, außerdem kann der Priester einen speziellen päpstlichen Segen sprechen, der die Generalabsolution beinhaltet, also die Vergebung aller Sünden, und einen Generalablass gewährt, also den Nachlass aller zeitlichen Sündenstrafen. Auch hier gilt wieder, dass man die Feier dieses Sakramentes ganz an die Situation der kranken Person anpassen kann und muss – wenn kein Schlucken mehr möglich ist, verzichtet man natürlich auf die Kommunionspendung, wenn die Person nicht mehr spricht oder nicht bei Bewusstsein ist, kann man natürlich auch keine Beichte feiern. Ich finde, am einfachsten fasst man das nach dem bekannten Prinzip zusammen: Alles kann, nichts muss. Übrigens: Ein Sakrament können nur lebende Personen empfangen. Wenn eine Person schon verstorben ist, kann sie die Krankensalbung nicht mehr bekommen; ein Segen ist natürlich immer möglich. Übrigens ist auch die Mitfeier der Krankensalbung immer offen – seien Sie dabei, wenn Sie das möchten, und beten Sie mit Ihren Angehörigen.

Und auch da sind wir bei einem wertvollen Brauch. Kranke zu segnen, ist eine weitere Trost spendende Möglichkeit. Dies können natürlich Seelsorgende Ihrer jeweiligen Gemeinde tun – aber das dürfen Sie als Angehörige natürlich auch immer selbst tun. Es ist ein schönes Zeichen, wenn man einer kranken Person (mit Weihwasser) ein Kreuz auf die Stirn zeichnet und um den Segen Gottes bittet. Vielleicht hat die sterbende Person als Elternteil das früher immer bei den Kindern gemacht, und jetzt, in dieser Situation, übernehmen diesen Dienst die Kinder an ihrer Mutter oder ihrem Vater.

Bitte besprechen Sie die Frage, wie die seelsorgerliche Begleitung sein soll, immer auch mit der betroffenen Person; und wenn Sie nicht mehr fragen können, weil die Person nicht mehr reagiert, wenn sie angesprochen wird, entscheiden Sie so, wie es die Person sich mutmaßlich gewünscht hätte. Im Zentrum steht immer der Mensch, um den es geht, mit seinen Vorlieben, Wünschen und Sehnsüchten.

## Sich am Sterbebett abwechseln

Eine klassische Form der Begleitung von Sterbenden soll auch nicht unerwähnt bleiben, nämlich sich *am Sterbebett abzuwechseln*, damit die Person nicht allein gelassen wird. In dieser Situation sind viele Menschen ungern alleine, und es ist empfehlenswert, sich so zu organisieren, dass immer jemand anwesend sein kann. Wenn zu viele Menschen auf einmal im Raum sind, kann das auch anstrengend sein. Außerdem möchte man zwischendurch auch mal gerne alleine sein; wenn Sie den Eindruck haben, dass genau das die Person sich in dem Moment wünscht, dann geben Sie dem Wunsch Raum. Es kann auch sein, dass jemand „wartet", bis er oder sie alleine ist, um dann loslassen zu können und zu sterben, gerade bei Eltern habe ich das immer wieder beobachtet, die ihren Kindern anscheinend nicht zumuten wollten mitzuerleben, wie Vater oder Mutter sterben. Anwesenheit im Sterbezimmer kann auch ein einfaches Dasein bedeuten, Handhalten, Vorlesen, Schweigen, Streicheln ... Ich habe auch schon erlebt, dass Enkelkinder ins Bett zur sterbenden Oma hineingeklettert sind und sich rangekuschelt haben – warum nicht?

## Reden über das Sterben

Damit sind wir bei einem anderen wichtigen Thema: Dem *Reden über das Sterben* in der Familie oder im Freundeskreis. Leider ist das Sprechen darüber immer mehr verschwunden. Wir tun uns schwer damit, es aufs Tapet zu bringen, und wissen nicht, wie wir richtig darüber reden sollen. Genau deshalb ist es aber so ungemein wichtig, darüber ins Gespräch zu kommen. Immer wieder ist mir begegnet, dass ich bei Trauergesprächen gefragt habe, wie sich der oder die Verstorbene denn dies oder jenes gewünscht hätte, und ich bekam die Antwort: „Das wissen wir nicht.“ Dabei geht es nicht nur um die Frage, welche Form der Bestattung denn die favorisierte ist, sondern auch um so viele andere Dinge. Deshalb der dringende Appell: Reden Sie miteinander darüber. Ganz allgemein über das Thema Tod und Sterben, aber auch konkret über die Frage, wie denn eine mögliche Beisetzung aussehen soll, was man sich für den Fall der Fälle wünschen würde, und was für einen selbst als Vorbereitung auf das Sterben wichtig wäre. Das Feld von Sterben und Tod darf Gesprächsstoff sein, sollte es sogar sein. Totschweigen des Todes ist alles andere als sinnvoll. Übrigens kann man nicht nur mit den Eltern und Geschwistern, mit Partnern und Freunden über das Thema reden, sondern auch mit Kindern. Denen tut man nämlich nichts Gutes, wenn man meint, sie vor der Auseinandersetzung mit der Thematik bewahren zu müssen. Aber genau das ist die falsche Taktik. Erst einmal gilt – für das Gespräch mit Erwachsenen wie mit Kindern: Ich muss mir selbst über meine Gedanken, meine Gefühle und meine Ängste und Unsicherheiten bei diesem Thema bewusst werden, um sie dann auch mit anderen teilen zu können. Wenn Ihnen selbst klar ist, wie sie das „was kommt danach?“ verstehen und wie Sie das Thema Tod und Sterben sehen, können Sie leichter darüber ins Gespräch gehen. Es ist eine natürliche Scheu, die uns daran hindert, dass wir den Partner oder die Eltern auf den Tod ansprechen, der irgendwann einmal kommen wird. Aber diese zu überwinden und gemeinsam zu suchen, Fragen zu stellen und auch die eigene Unsicherheit miteinander zu teilen, kann ganz viel bewegen. Vielleicht ist das Zusammensitzen nach einer Beerdigung im Bekanntenkreis eine gute Möglichkeit, einmal über die eigenen Gedanken zum Thema Tod, Sterben und

Beisetzung ins Gespräch zu kommen. Oder man spricht es bei einer guten Gelegenheit einmal direkt an: „Wir müssen uns einfach mal darüber unterhalten ..."

Und was Kinder angeht: Diese haben ein sehr feines Gespür dafür, wenn es ihren Eltern oder anderen in ihrem Umfeld nicht gut geht. Wenn der Verlust eines lieben Menschen dann aber keine Behandlung erfährt, sondern weggewischt wird, hinterlässt das Fragen. Sprechen Sie mit Ihren Kindern über den Tod! Und lassen Sie diese auch ihre eigenen Erfahrungen damit machen. Kinder beispielsweise nicht zur Beerdigung von Familienmitgliedern mitzunehmen, um sie davor zu bewahren, kann dazu führen, dass die Kinder keine Möglichkeit des Abschiednehmens haben, sondern eine Person mit einem Mal verschwunden ist. Viele Kinderfragen zum Thema lassen sich recht einfach beantworten, und andere bringen einen selbst dazu, einmal nachzudenken und entsprechende Antworten zu suchen. Es gibt übrigens eine Reihe äußerst brauchbarer Kinderbücher, die sich mit dem Sprechen über den Tod mit Kindern beschäftigen und die über Bilder oder Geschichten Brücken bauen, um ein fruchtbares Gespräch zu führen. Noch einmal: Trauen Sie sich, darüber zu sprechen!

## Patientenverfügung und Vollmacht

Apropos darüber sprechen: Auch eine Patientenverfügung und eine Vollmacht sind Dinge, mit denen man sich beschäftigen sollte und die man miteinander bereden müsste.

Eine Patientenverfügung regelt im Vorhinein, wie man in schwierigen medizinischen Situationen, wenn man selbst nicht mehr in der Lage ist, seinen Willen zu äußern, behandelt werden möchte. Das Bundesgesundheitsministerium schreibt dazu: „Mit einer schriftlichen Patientenverfügung können Patientinnen und Patienten für den Fall ihrer Einwilligungsunfähigkeit in medizinischen Angelegenheiten vorsorglich festlegen, dass in einer bestimmten Situation bestimmte medizinische Maßnahmen durchzuführen oder zu unterlassen sind. So können etwa Wünsche zu noch nicht unmittelbar bevorstehenden Untersuchungen des Gesundheitszustands, Heilbehandlungen oder ärztlichen Eingriffen festgelegt werden. Damit wird sichergestellt, dass der Patientenwille umgesetzt wird, auch wenn er in der aktuellen Situation nicht mehr geäußert werden kann." Die Situation, dass man sich nicht mehr äußern kann, aber in einem medizinischen Notfall ist, kann jederzeit eintreten. Ein Unfall kann schon der Grund dafür sein. Deshalb ist es nie zu früh, sich über solche Dinge Gedanken zu machen. „Jede einwilligungsfähige volljährige Person kann eine Patientenverfügung verfassen, die sie jederzeit formlos widerrufen kann. Es ist sinnvoll, sich von einer Ärztin, einem Arzt oder einer anderen fachkundigen Person beraten zu lassen. Treffen die konkreten Festlegungen in einer Patientenverfügung auf die aktuelle Lebens- und Behandlungssituation der Patientin oder des Patienten zu, sind die behandelnde Ärztin oder der behandelnde Arzt wie auch die Pflegefachpersonen daran gebunden", heißt es beim Bundesgesundheitsministerium weiter. Darin steckt ein wichtiger Hinweis: Die Patientenverfügung ist bindend, aber eben dann, wenn sie auf die aktuelle Lebens- und Behandlungssituation zutreffen. Deshalb ist es sehr sinnvoll, außerdem eine Person des Vertrauens zu einem Bevollmächtigten zu erklären; diese Person darf nämlich dann im Namen der betroffenen Person Entscheidungen treffen. Es kann ja durchaus sein, dass eine Patientenverfügung nicht eindeutig ist oder in der jeweiligen Situation nicht genau passt, daher ist eine entscheidungsberechtigte Person immer hilfreich. Stellen Sie sich vor, Sie hätten in Ihrer Patientenverfügung ausgeschlossen, jemals beatmet zu werden, erkranken an Covid19 und müssen beatmet werden, da Ihre Heilungschancen hervorragend sind … Überlegen Sie doch einfach einmal, welcher Person Ihres Vertrauens (oder vielleicht sind es auch zwei) Sie eine Bevollmächtigung geben könnten – und suchen Sie dann auch immer wieder das Gespräch mit dieser Person, damit sie genau weiß, wie Sie sich eine Behandlung in dieser oder jener Situation wünschen würden. Ratsam ist es übrigens, wenn die Bevollmächtigung über den Tod hinaus geht, damit die Person im Zweifelsfalle auch alles regeln kann, was mit der Bestattung und Ähnlichem zu tun hat. Vordrucke für Patientenverfügungen und Vollmachten bekommen Sie im Internet bei den unterschiedlichsten Hilfsdiensten oder auch bei Ihren Kirchengemeinden. Ich habe schon einige Male erfahren dürfen, was für wertvolle Gespräche entstehen, wenn man sich darüber Gedanken macht und eine Person bittet, die Vollmacht für einen zu übernehmen.

## Das Testament

Auch ein Bereich der Vorsorge für den Todesfall ist das Testament. Jeder und jede hat das Recht, den eigenen Nachlass so zu regeln, wie er oder sie das gerne möchte. Sie brauchen keinen besonderen Anlass, sich Gedanken zu machen, ob die gesetzliche Erbfolge den eigenen Wünschen entspricht oder ob man seine Vermögensnachfolge auf andere Weise geregelt haben möchte. Hat der Verstorbene weder Testament noch

Erbvertrag hinterlassen, tritt die im Bürgerlichen Gesetzbuch vorgesehene gesetzliche Erbfolge ein. Diese bestimmt, dass in erster Linie Kinder und Ehepartner erben. Sind keine Nachkommen vorhanden, treten an ihre Stelle je nach Verwandtschaftsgrad die übrigen Angehörigen.

Wenn eine Lebenspartnerschaft nicht in eine Ehe umgewandelt wird, steht dem überlebenden Lebenspartner nach dem Lebenspartnerschaftsgesetz ein dem Ehegatten entsprechendes Erbrecht zu.

Und jetzt – soll man denn ein Testament machen?

Wenn die gesetzliche Erbfolge nicht Ihren Wünschen entspricht, dann ist es empfehlenswert, ein Testament zu machen. Es ist auch sinnvoll, wenn größere Werte betroffen sind, die Nachfolge eines Unternehmens geregelt werden muss oder eine unwirtschaftliche Verteilung des Nachlasses unter eine Vielzahl gesetzlicher Erben vermieden werden soll.

Aber beim Schreiben eines Testaments ist einiges zu beachten. Entweder machen Sie das Testament mit einem Notar oder einer Notarin oder mit einem Fachanwalt oder einer Fachanwältin für Erbrecht, die Sie dann auch in allen Rechtsfragen beraten und das Schriftstück für Sie aufsetzen. Man spricht dann von einem öffentlichen oder auch notariellen Testament. Oder Sie formulieren das Testament selbst. Dabei gibt es aber einiges zu beachten:

Der Erblasser muss sein Testament vollständig handschriftlich verfassen und unterschreiben. Das bedeutet, dass auch ein gedruckter Briefkopf auf einem Papierbogen, auf dem ein Testament geschrieben ist, dieses schon ungültig machen kann. Ehepaare dürfen auch ein gemeinschaftliches Testament errichten. In diesem Falle müssen beide das von einem der Ehegatten eigenhändig geschriebene Testament unterschreiben. Schließlich ist dringend zu empfehlen, die

Zeit und den Ort der Niederschrift im Testament festzuhalten, ansonsten kann es nach den Vorgaben des Gesetzes sein, dass seine Gültigkeit angezweifelt wird. Außerdem ist es gut, über das Schriftstück „Mein Testament" oder „Mein letzter Wille" zu schreiben, um klarzumachen, dass es sich bei dem Text genau darum handelt.

Das Bürgerliche Gesetzbuch regelt in § 2247, wie ein eigenhändiges Testament auszusehen hat:

> (1) Der Erblasser kann ein Testament durch eine eigenhändig geschriebene und unterschriebene Erklärung errichten.
> (2) Der Erblasser soll in der Erklärung angeben, zu welcher Zeit (Tag, Monat und Jahr) und an welchem Ort er sie niedergeschrieben hat.
> (3) Die Unterschrift soll den Vor- und Familiennamen des Erblassers enthalten. Unterschreibt der Erblasser in anderer Weise und reicht diese Unterzeichnung zur Feststellung der Urheberschaft des Erblassers und der Ernstlichkeit seiner Erklärung aus, so steht eine solche Unterzeichnung der Gültigkeit des Testaments nicht entgegen.
> (4) Wer minderjährig ist oder Geschriebenes nicht zu lesen vermag, kann ein Testament nicht nach obigen Vorschriften errichten.
> (5) Enthält ein nach Absatz 1 errichtetes Testament keine Angabe über die Zeit der Errichtung und ergeben sich hieraus Zweifel über seine Gültigkeit, so ist das Testament nur dann als gültig anzusehen, wenn sich die notwendigen Feststellungen über die Zeit der Errichtung anderweitig treffen lassen. Dasselbe gilt entsprechend für ein Testament, das keine Angabe über den Ort der Errichtung enthält.

Folgende Punkte werden für gewöhnlich über den letzten Willen geregelt:

Benennen von Erbinnen beziehungsweise Erben, Vermächtnisnehmerinnen und Vermächtnisnehmer und deren Vermächtnisse genau bestimmen, Benennung von Ersatzerbinnen beziehungsweise Ersatzerben, Bestimmung einer Testamentsvollstreckerin oder eines Testamentsvollstreckers – bei namentlicher Nennung auch den Fall regeln, dass diese Person ausfällt, Bedingungen, die zum Beispiel an die Erfüllung eines Vermächtnisses geknüpft sind.

In Deutschland gilt, dass bestimmte Personen einen Pflichtteil eines Erbes erhalten: Der überlebende Ehegatte sowie die Kinder und Kindeskinder des Erblassers sind pflichtteilsberechtigt. Sollten keine Abkömmlinge vorhanden sein, steht den Eltern des Erblassers ein Pflichtteil zu. Die Pflichtteilsberechtigten haben gegen den oder die testamentarisch eingesetzten Erben einen Anspruch auf Geldzahlung in Höhe der Hälfte des Wertes ihres jeweiligen gesetzlichen Erbteils. Und vielleicht noch ein Wort zu Steuern: Ob und in welcher Höhe Erbschaftsteuer zu entrichten ist, richtet sich nach dem Wert des Nachlasses und dem Verwandtschaftsverhältnis des Erben zum Erblasser. Jedem Erben steht ein persönlicher Freibetrag zu – unter anderem 500.000 € für den Ehegatten und 400.000 € für ein Kind.

Wenn Sie kein Testament verfasst haben, keine Nachkommen haben und keine anderen Erben ermittelt werden können, geht Ihr Nachlass an den Staat. Deshalb ist es gut, sich zu überlegen, ob man das möchte, oder ob das eigene Vermögen nicht doch einer Person oder Organisation zugutekommen soll, mit der einen etwas verbindet.

# IV.
# Der Tod als geregelte Sache

*Wenn eine Person im Haus verstirbt, steht man vor Fragen, die oftmals so noch nie eine Rolle gespielt haben. Was tun? Auch hierfür soll das Buch eine klare Handlungshilfe bieten und beschreiben, was wann wie getan werden muss, um den Vorschriften für einen solchen Fall zu entsprechen.*

## Vorschriften für den Todesfall

Der Tod eines nahestehenden Menschen bedeutet eine enorme emotionale Belastung. Dazu kommt, dass im Todesfall einige Dinge beachtet werden müssen, mit denen man im Alltag normalerweise nicht konfrontiert ist. Zuallererst ist aber wichtig zu sagen, dass nichts überstürzt werden soll und dass Sie sich die Zeit nehmen sollten, die Sie brauchen. Wenn eine Person im Krankenhaus oder einem Pflegeheim verstorben ist, weiß das Personal, was zu tun ist, und wird die nötigen ersten Schritte veranlassen. Ist eine Person zu Hause verstorben, und es handelt sich nicht um einen Unfall – denn in diesem Fall haben Sie ja wahrscheinlich schon den Rettungsdienst verständigt –, dann sollten Sie zeitnah nach dem Verscheiden der Person einen Arzt oder eine Ärztin benachrichtigen, weil der Tod ärztlich festgestellt werden muss. Die Vorgaben der regulären Leichenschau sind in Deutschland nicht einheitlich geregelt, sondern in den Bestattungsgesetzen der einzelnen Bundesländer festgelegt. Am besten ist, wenn Sie dafür den Hausarzt der betroffenen Person bitten zu kommen, weil dieser weiß, was der verstorbenen Person fehlte und höchstwahrscheinlich sogar des Öfteren auf Hausbesuchen vorbeigekommen war. Es ist nicht nötig, in der Nacht noch einen Arzt oder eine Ärztin zu alarmieren oder den Rettungsdienst zu rufen, wenn jemand verstorben ist. Anders ist es natürlich in medizinischen Notfällen. Wenn jemand erwartbar verstorben ist, dann reicht es, zu Praxiszeiten den Hausarzt zu verständigen oder am Wochenende oder an Feiertagen den ärztlichen Notdienst. Der Totenschein wird vom Arzt oder der Ärztin ausgestellt, ein Dokument, das Sie später noch brauchen werden. Es ist ratsam, dass Sie bei der Untersuchung, die vom ärztlichen Personal vorgenommen wird, nicht unbedingt mit dabei sind. Der Anblick dieser Überprüfungen so kurz nach dem Tod kann etwas Belastendes haben, und diese können Sie sich gut ersparen. Der Arzt oder die Ärztin muss medizinisch feststellen, dass die Person wirklich verstorben ist, und außerdem überprüfen, ob auch alles mit rechten Dingen zugegangen ist. Sollte er nicht zweifelsfrei feststellen können, dass ein natürlicher Tod vorliegt, ist er verpflichtet, die Polizei oder die Staatsanwaltschaft zu benachrichtigen, die dann Ermittlungen durchführen muss, um auszuschließen, dass es sich um eine Tötung handelt. Das klingt sehr dramatisch und kann für Angehörige auch belastend sein, hat aber den Grund, dass eine solche Tötung eben unbedingt ausgeschlossen werden muss. Im Zweifelsfall wird deshalb der Leichnam der verstorbenen Person auch beschlagnahmt und zu einer eventuellen Obduktion mitgenommen. Wenn aber der Totenschein ausgestellt ist und die natürliche Todesart bescheinigt ist, kann die verstorbene Person entweder vom Bestattungsinstitut abgeholt werden oder zur Verabschiedung zu Hause aufgebahrt werden. Beides ist möglich und sinnvoll, da geht es schlicht und einfach darum, wie Sie es lieber haben. Für eine Zeit der Verabschiedung in der Wohnung der verstorbenen Person spricht sehr viel, vor allem weil man so im gewohnten Umfeld noch einmal Zeit miteinander hat. Auf der anderen Seite kann auch viel dafür sprechen, dass der Leichnam ins

Bestattungsinstitut oder an den Friedhof überführt wird, was übrigens nach einer gewissen Zeit sowieso geschehen muss. Die Fristen, wie lange Verstorbene zu Hause bleiben können, sind teilweise unterschiedlich und von der Gesetzgebung in Ihrer Heimat abhängig; wie gesagt: Das Bestattungsinstitut hilft Ihnen dabei und informiert Sie über alle wichtigen Fragen. Oft ist viel mehr möglich, als man gemeinhin annimmt, deshalb trauen Sie sich, nach dem zu fragen, was Sie gerne möchten und was Ihnen in dieser Situation am besten helfen kann. Gerade das Dabehalten der verstorbenen Person für eine gewisse Zeit kann für die Verarbeitung des Todes eines geliebten Menschen zielführend sein. Aber, wie gesagt, entscheiden Sie sich so, wie es Ihnen persönlich am besten zusagt. Die Mitarbeitenden des Bestattungsinstituts helfen Ihnen auch bei allen weiteren Formalitäten wie etwa der Benachrichtigung des Standesamts und der Beantragung der Sterbeurkunde, also des offiziellen Dokuments, das für Ämter und andere Institutionen der amtliche Nachweis des Todesfalles ist, oder auch der Planung der Beisetzung. Was man in einem solchen Moment oft leicht vergisst, weil man mit vielem beschäftigt ist, ist, die Angehörigen zu informieren, die nicht da sind. Das klingt banal, aber hin und wieder denkt man einfach nicht daran. Auch Freunde, die mit der Person in einem sehr engen Verhältnis standen, erfahren oft gerne recht frühzeitig vom Tod der Person und kommen eventuell sogar noch vorbei, um sich vor Ort zu verabschieden. Auch hier ist zu überlegen, wie Sie es gerne organisieren und was für Sie gut ist. Manche Menschen schätzen es, wenn andere kommen und mit ihnen den ersten Moment der Trauer und des Schocks teilen, andere sind lieber allein oder nur mit der engsten Familie zusammen. So wie es für Sie richtig ist, so ist es passend und auf gar keinen Fall falsch. Das Benachrichtigen des Arbeitsgebers kann manchmal auch notwendig sein, vor allem wenn der Tod plötzlich eingetreten ist und die Person nicht schon länger krankgeschrieben war. Bei allen weiteren Schritten, auch was Versicherungen und so weiter angeht, kann Ihnen das Bestattungsunternehmen auf alle Fälle weiterhelfen.

## Das Sterbezimmer bereiten

Wenn Sie von der verstorbenen Person zu Hause Abschied nehmen möchten und vielleicht auch anderen die Möglichkeit zum Abschied am Totenbett geben möchten, ist es gut, das Sterbezimmer etwas herzurichten. Legen Sie den oder die Verstorbene im Bett so hin, dass sie auf dem Rücken liegt, sorgen Sie eventuell auch für eine dichte und trockene Unterlage; üblicherweise legt man die Hände der verstorbenen Person aufeinander. Die Finger ineinander zu verschränken, also sie zur Gebetsgeste zu falten, kann schwierig sein und wird, wenn Sie das möchten, vom Bestattungsinstitut beim Betten der Person im Sarg gemacht. Da die Totenstarre noch eintritt, kann es sein, dass Sie die Finger, die verschränkt sind, eine Zeitlang nicht mehr auseinanderbekommen können. Decken Sie die Person so zu, als ob sie schlafend daliegt; das Gesicht und die Hände können offen sichtbar bleiben. Selbstverständlich können Sie die Decke auch weglassen, allerdings sieht eine Person, die unter der Decke im Bett liegt, natürlicher und für viele Menschen auch friedlicher aus. Sie müssen das Gesicht nicht verhüllen; im Gegenteil, es ist sehr schön, wenn man das Antlitz der verstorbenen Person sehen und ihr vielleicht auch noch über die Stirn oder die Wange streichen kann. Mit einem einfachen Streichen über die Augen können Sie die Augenlider der verstorbenen Person schließen, was wieder das Bild des Schlafens vermittelt. Manchmal kann es gut sein, wenn Sie ein zusammengerolltes Stück Stoff unter den Unterkiefer der Person legen, um so zu verhindern, dass der Mund aufklappt. Die Haare können Sie natürlich kämmen oder etwas zurückstreichen, eben so, dass es natürlich wirkt. Unter Umständen ist es gut, wenn Sie ein Kreuz, ein religiöses Symbol, ein Marienbild oder etwas ähnliches, was der Person wichtig war, am Bett aufstellen. Oft gibt es in Familien auch noch sogenannte Sterbekreuze, bei denen ein Kreuz mit Kerzenständern, einem Weihwasserkesselchen und anderen Utensilien kombiniert ist. Wenn Ihre Familie so etwas besitzt und es Tradition ist, dies zu benützen, ist es ein schönes Zeichen, dieses jetzt aufzustellen und so die Verbindung zu anderen Familienmitgliedern, die verstorben sind, zu zeigen. Überhaupt ist es gut, eine brennende Kerze ans Sterbebett zu stellen; dafür eignet sich besonders gut eine Osterkerze oder auch, wenn sie noch vorhanden ist, die Taufkerze der verstorbenen Person. Wenn sich eine Kerze, die symbolisch für die Auferstehung und das neue Leben in Christus steht, sich am Sterbebett verzehrt, ist das ein äußerst beredtes Zeichen. Öffnen Sie ein Fenster im Sterbezimmer, um für Frischluft zu sorgen und auch, um die Temperatur niedriger zu halten. Wenn der Raum geheizt ist, stellen Sie die Heizung besser ab. Es kann auch gut sein, etwas leise Musik im Raum laufen zu lassen, da dies für viele Menschen die Situation vereinfacht. Wenn Sie Weihwasser zu Hause haben, wäre es eine gute Möglichkeit, solches in der Nähe des Sterbebettes zu haben, da es alter Brauch ist, Verstorbene mit Weihwasser zu segnen.

## Das Bestattungsinstitut

Mit dem Bestattungsinstitut klären Sie dann alles, was mit der Beisetzung zu tun hat – angefangen von der Wahl des Grabes über die Beschaffenheit des Sarges bis zum Blumenschmuck und so weiter. Sie haben dabei große Freiheit: Vieles können Sie selbst entscheiden und vor allem auch selbst in die Hand nehmen. Suchen Sie Kleidung heraus, die die verstorbene Person im Sarg tragen soll – übrigens: auch für eine Kremation braucht es einen Sarg. Vielleicht überlegen Sie auch, was Sie der Person noch in den Sarg mit hineinlegen möchten – üblich sind religiöse Zeichen wie ein Kreuz oder ein Rosenkranz, aber auch Utensilien von Hobbys, die einer Person wichtig waren, Gegenstände, die sie besonders begleiteten. Ich habe auch schon gesehen, dass Menschen in der Bettwäsche ihres bevorzugten Fußballvereins im Sarg gelegen haben. Sie können auch das veranlassen, nämlich dass Kissen, Decken … mit in den Sarg gelegt werden. Zum einen kann man im Bestattungsinstitut solche aussuchen – da gibt es sehr schöne und stimmige Kreationen –, es kann aber auch sein, dass es Ihnen wichtig ist, dass eine bestimmte Decke oder ein selbst genähtes Kissen mit in den Sarg kommen, all das ist möglich. Auch Briefe an den Verstorbenen, Bilder, die die Enkel gemalt haben, oder Fotos von der Familie sind unter Umständen eine gute Idee.

Zu entscheiden ist ziemlich bald, welche Bestattungsform gewählt werden soll, also ob es um eine Erdbestattung des Leichnams geht oder ob eine Kremation, eine Feuerbestattung, geschehen soll. Das ist eine sehr individuelle Entscheidung, und es ist gut, wenn man vorher schon weiß, was die Person sich gewünscht hat. Oft gibt es auf Friedhöfen neben der Unterscheidung der beiden Formen noch andere Optionen, die zu klären sind, beispielsweise wo das Grab sein soll, wenn noch keines vorhanden ist, das etwa schon längere Zeit in Familienbesitz ist. Bei Urnenbestattungen gibt es neben der Beisetzung der Urne im Grab auch viele andere Möglichkeiten, die wieder je nach Region unterschiedlich sein können. Eine Seebestattung ist übrigens immer auch eine Feuerbestattung, weil der Leichnam verbrannt wird und dann seine Asche dem Wasser übergeben wird. In den letzten Jahren hat es eine deutliche Wende hin zu Feuerbestattungen gegeben; das hat viele verschiedene Gründe, die damit zu tun haben, dass Familien keine Grabstätten mehr haben, dass eine mobile Gesellschaft auch bei der Bestattung ihre Folgen hat und daher größere Grabanlagen nicht mehr gewollt sind, weil kaum jemand aus der Familie noch am Ort der Beisetzung lebt. Außerdem gibt es noch viele andere Gründe, warum sich Menschen für eine Feuerbestattung entscheiden. Genauso sinnig ist es aber, sich in einer Ganzkörperbestattung beisetzen zu lassen. Letztlich ist es eine Frage, die man ganz individuell und selbst zu klären und für sich zu beantworten hat. Leider kommt es manchmal über diese Frage auch zu Konflikten in Familien; wenn man die Angelegenheit aber schon frühzeitig miteinander besprochen und geklärt hat, kann man diese verhindern. Übrigens kann man bei vielen Bestattungsinstituten schon zu Lebzeiten die eigene Bestattung regeln und/oder auch eine Summe Geldes hinterlegen, mit der dann die Beisetzung finanziert wird. Wichtig ist dann aber, die Angehörigen darüber zu informieren, mit welchem Institut solche Absprachen getroffen wurden, damit diese sich dann auch an das richtige Institut wenden. Das gesetzliche Sterbegeld gibt es schon seit einigen Jahren nicht mehr. Viele Versicherungsgesellschaften bieten sogenannte Sterbegeldversicherungen an, mit denen Sie Ihre Angehörigen entlasten können und dafür sorgen, dass nach Ihrem Tod schnell und unbürokratisch genügend Geld für eine Bestattung nach Ihren Wünschen vorhanden ist. Natürlich ist auch das Geld, das Sie so hinterlassen, für eine Beisetzung zu verwenden; wenn ein Nachlass vorhanden ist, wird sie aus diesem beglichen.

# V.
# Der Tod im Miteinander der Menschen

*Die Konfrontation mit dem Tod von Menschen um uns herum erfordert von der einzelnen Person eine Reaktion. Viele Menschen sehen sich aber genau damit überfordert. Hier finden sich konkrete Vorschläge, wie man das Beileid in adäquater Weise zum Ausdruck bringen kann.*

## Auf unterschiedliche Weise vom Tod betroffen

Der Tod eines Menschen ist immer auch ein Ereignis, das viele um diesen herum betrifft. Arbeitskollegen, Freundinnen, Mitschüler, die Nachbarschaft oder Vereinsmitglieder – Personen aus den verschiedensten Zusammenhängen stehen oder standen mit dem oder der Verstorbenen in Kontakt. Das bedeutet, dass wir auf unterschiedliche Weise von einem Tod betroffen sind. Oftmals erfahren Menschen erst nach einer Beisetzung vom Tod einer Person, besonders dann, wenn diese in aller Stille und im engsten Kreis beerdigt wurde. Bei der Entscheidung, wie die Beisetzung organisiert wird, sollte man auch die anderen Menschen, die in einer Beziehung zu der verstorbenen Person standen, nicht außer Acht lassen. Auch diese haben eventuell ein Bedürfnis, sich zu verabschieden. Gerade wenn Sie überlegen, von einer verstorbenen Person nur im engsten Kreis der Familie Abschied zu nehmen, was sehr gut verständlich ist und gute Gründe haben kann, bedenken Sie bitte auch, ob es nicht vielleicht doch auch anderen Personen möglich sein sollte, an der Beisetzungsfeier teilzunehmen, weil auch diese der Person aufgrund ihrer eigenen Verbundenheit gerne die letzte Ehre erweisen möchten.

# Kondolenzkarten

Auf der anderen Seite möchte man oft die eigene Anteilnahme am Tod eines Menschen gegenüber den Angehörigen zum Ausdruck bringen. Eine sehr übliche Art und Weise sind dabei Kondolenzschreiben, also Karten oder Briefe, in denen man sein Beileid für die Angehörigen ausdrückt. Oft ist es aber so, dass man nicht so recht weiß, wie eine solche Karte formuliert werden kann und was man sinnvollerweise schreibt oder lieber weglässt, weil das Thema eben doch eines ist, das einem nicht alle Tage begegnet.

Zuerst einmal ist es meines Erachtens sehr gut, so ehrlich und einfach wie möglich zu schreiben. Das bedeutet: Bringen Sie Ihre Gedanken und Gefühle zum Ausdruck. Das klingt mehr als selbstverständlich, ist es aber ganz und gar nicht. In Kondolenzkarten und Beileidsschreiben verfallen viele Menschen in Floskeln und wiederholen Formeln, die sie sonst nie sagen oder schreiben würden. Deshalb: Erwähnen Sie gerne ihre Betroffenheit, wenn Sie die Nachricht über den Tod der Person betroffen gemacht hat, zum Beispiel: „Von einer guten Bekannten habe ich erfahren, dass Ihr Ehemann verstorben ist; die Nachricht hat mich sehr traurig gemacht.“ Oft ist es ja auch so, dass nicht alle Angehörigen wissen, wer Sie sind oder was Sie mit der verstorbenen Person verbindet. Deshalb ist es eine gute Möglichkeit, Ihre Verbindung zu dem oder der Verstorbenen zu beschreiben, etwa: „Ich kenne Ihre Mutter schon seit vielen Jahren, weil wir in unserer Firma lange Zeit ein Büro geteilt haben.“ Der Sinn eines Kondolenzschreibens ist es ja, den Angehörigen zu zeigen, dass sie in ihrem Schmerz und der Trauer über den Tod des lieben Menschen nicht alleine sind, sondern andere mit-leiden. Daher ist es tröstlich zu erfahren, in welchen anderen Kontexten Menschen den Verlust der Person erleben.

Ein weiterer schöner Gedanke ist, wenn Sie beschreiben, was Sie an der Person geschätzt haben; Sie können generell etwas über diese schreiben oder einzelne Erinnerungen zitieren. So wäre eine gute Möglichkeit beispielsweise: „N. war immer fröhlich und ein Kollege, der uns alle in der Werkstatt mit seinem Lachen und seiner positiven Energie angesteckt hat, der gute Geist unseres Teams." Oder: „In diesem Moment muss ich an unsere letzte Begegnung denken, als wir uns beim Bäcker getroffen haben und sie mir voller Stolz erzählte, dass ihre jüngste Enkelin nun auch das Abitur gemacht hat. Ich habe sehen können, was für eine enge Beziehung zwischen der Oma und ihren Kindeskindern herrschte."

Oft haben wir eine Scheu, unsere eigenen Erinnerungen zu teilen, aber genau die sind es, die in einem solchen Moment Wärme und Nähe geben und in der Trauer Trost spenden können.

Wenn Sie möchten, können Sie dann noch einen Gedanken Ihres persönlichen Glaubens und Ihrer Hoffnung anfügen. Das erzählt etwas davon, wie Sie selbst mit dem Verlust, mit Tod und Sterben umgehen – und dass Sie die Trauer auf Ihre Art und Weise teilen. Genauso können Sie aber auch Ihrer eigenen Hilflosigkeit, Ihrer Sprachlosigkeit oder Ihren Fragen Ausdruck verleihen. Auch hier gilt: Je ehrlicher und persönlicher Sie schreiben, desto hilfreicher sind Ihre Zeilen. Ich weiß schon: Das klingt nach Allgemeinplätzen, aber mir fällt immer wieder auf, dass Menschen aufgeschmissen sind, wenn sie Beileidsschreiben aufsetzen möchten und sich dann, wie gesagt, in Floskeln verlieren, weil sie schlicht und einfach unsicher sind, was man schreiben kann. Haben Sie Mut, gerade in solch einer Situation Ihre persönlichen Gedanken zu

Papier zu bringen. Natürlich gibt es auch Dinge, die besser in einer Kondolenzkarte nicht geschrieben werden: Sicherlich ist das Beileidsschreiben an Angehörige kein adäquates Mittel, um etwaige Konflikte mit einer verstorbenen Person auszutragen oder Kritik an dieser zu üben. Auch sollte man sich bei bestimmten Anekdoten oder Erinnerungen überlegen, ob es Dinge sind, die Angehörige in einem solchen Moment lesen möchten. Bei Kondolenzkarten gilt auch die Goldene Regel – damit meine ich: Fragen Sie sich selbst, was Sie in diesem Moment gerne lesen würden und was nicht.

Eine Möglichkeit kann es übrigens auch sein, in einer Karte auch ein Zitat aus der Bibel oder aus einem anderen passenden Zusammenhang zu verwenden. Die Textsammlung in diesem Buch kann eine Anregung sein. Außerdem finden Sie hier einige passende Verse aus der Heiligen Schrift:

Gott spricht: „Ich lasse dich nicht fallen und verlasse dich nicht. Sei mutig und stark!" (Josua 1, 5b–6a)

„Der HERR ist meine Kraft und mein Schild, auf ihn vertraute mein Herz, so wurde mir geholfen." (Psalm 28,7)

„In deine Hand lege ich voll Vertrauen meinen Geist; du hast mich erlöst, HERR, du Gott der Treue." (Psalm 31,6)

„Befiehl dem Herrn deinen Weg, vertrau ihm – er wird es fügen." (Psalm 37,5)

„Der HERR behütet dich vor allem Bösen, er behütet dein Leben. Der HERR behütet dein Gehen und dein Kommen von nun an bis in Ewigkeit." (Psalm 121,7–8)

„Kommt alle zu mir, die ihr mühselig und beladen seid! Ich will euch erquicken.“ (Matthäus 11,28)

„Ich gebe ihnen ewiges Leben. Sie werden niemals zugrunde gehen und niemand wird sie meiner Hand entreißen.“ (Johannes 10,28)

Jesus spricht: „Ich bin die Auferstehung und das Leben. Wer an mich glaubt, wird leben, auch wenn er stirbt, und jeder, der lebt und an mich glaubt, wird auf ewig nicht sterben.“ (Johannes 11,25–26)

„Euer Herz lasse sich nicht verwirren. Glaubt an Gott und glaubt an mich! Im Haus meines Vaters gibt es viele Wohnungen. Wenn es nicht so wäre, hätte ich euch dann gesagt: Ich gehe, um einen Platz für euch vorzubereiten? Wenn ich gegangen bin und einen Platz für euch vorbereitet habe, komme ich wieder und werde euch zu mir holen, damit auch ihr dort seid, wo ich bin.“ (Johannes 14,1–3)

„Leben wir, so leben wir dem Herrn, sterben wir, so sterben wir dem Herrn. Ob wir leben oder ob wir sterben, wir gehören dem Herrn.“ (Römer 14,8)

„Die Liebe hört niemals auf.“ (1 Korinther 13,8)

„Gott aber sei Dank, der uns den Sieg geschenkt hat durch unseren Herrn Jesus Christus.“ (1 Korinther 15,57)

„Denn Gott hat uns nicht einen Geist der Verzagtheit gegeben, sondern den Geist der Kraft, der Liebe und der Besonnenheit.“ (2 Timotheus 1,7)

„Er wird alle Tränen von ihren Augen abwischen: Der Tod wird nicht mehr sein, keine Trauer, keine Klage, keine Mühsal. Denn was früher war, ist vergangen." (Offenbarung 21,4)

**Hier auch noch einige Zitate von bekannten Persönlichkeiten, die sich auch gut eignen:**

„Auferstehung ist unser Glaube, Wiedersehen unsere Hoffnung, Gedenken unsere Liebe." (Augustinus von Hippo)

„Die Zeit, Gott zu suchen, ist das Leben. Die Zeit, Gott zu finden, ist der Tod. Die Zeit, Gott zu besitzen, ist die Ewigkeit." (Franz von Sales)

„... und am Ende meiner Reise hält der Ewige die Hände, und er winkt und lächelt leise – und die Reise ist zu Ende." (Matthias Claudius)

„Nicht der Tod wird mich holen, sondern der gute Gott." (Therese von Lisieux)

„Herr, Dir in die Hände sei Anfang und Ende, sei alles gelegt!" (Eduard Mörike)

## Bei Beerdigungen – der Friedhofsknigge

Während vor einigen Jahrzehnten der Besuch von Beisetzungsfeiern ein übliches Tun im Leben war, ist das immer mehr aus unserem Alltag verschwunden. Die Kultur hat sich hier sehr verändert, und manche Lebenszusammenhänge, gerade in größeren Städten, führen dazu, dass viele von uns so gut wie nie die Erfahrung machen, bei einer Beerdigung dabei zu sein. Umso mehr stellt sich also die Frage: Wie verhalte ich mich da?

Zuallererst ist zu klären, wie das denn mit der Kleidung aussieht … Denn eine Beerdigung ist ein wichtiges gesellschaftliches Ereignis, auch wenn das für viele nicht mehr den Anschein erweckt. Es handelt sich um einen offiziellen Termin – und um einen Moment, der eine große Wegmarke im Leben von einigen Beteiligten darstellt. Wer am Grab seiner Eltern, seines Kindes oder seiner Partnerin oder seines Partners steht, erlebt einen einschneidenden Augenblick im eigenen Lebenslauf. Deshalb ist die Frage: „Was ziehe ich bei solch einer Feier an?" alles andere als trivial. Die klassische Trauerfarbe ist in unserem Kulturkreis schwarz, und es ist üblich, bei Beerdigungen in schwarzer Kleidung zu erscheinen. Ganz einfach gesagt: Wer schwarz und nicht zu leger gekleidet bei einer Beerdigung erscheint, macht nichts falsch. Bei Herren ist ein guter Tipp, dass zum Anzug, wenn man denn einen solchen anlegt, eine schwarze Krawatte das Zeichen der Trauer ist. Grundsätzlich aber können auch andere gedeckte Farben getragen werden, wenn man keine schwarzen Kleidungsstücke besitzt oder nicht ganz in Schwarz gekleidet sein möchte. Gerade die Kombination mit einem weißen Hemd oder einer weißen Bluse empfiehlt sich. Manchmal wird in Traueranzeigen auch darauf hingewiesen, dass auf Trauerkleidung verzichtet werden darf oder dass die verstorbene Person sich gewünscht habe, dass in bunten Farben an der Beisetzung teilgenommen wird. Dann ist natürlich Letzteres erwünscht. Wenn Sie trotzdem lieber Schwarz tragen, ist das sicherlich auch kein Problem. In Kirchen und Kapellen und daher auch in Trauerhallen nehmen Männer bitte immer ihre Kopfbedeckung ab (außer sie gehört zu einer besonderen Tracht oder

Uniform, bei der im Fall der Beerdigung die Kopfbedeckung aufbehalten wird); sollten Sie als männliche Person auf dem Friedhof wegen des Niederschlags oder der Sonneneinstrahlung eine Kopfbedeckung tragen, nehmen Sie diese sinnvollerweise ab, wenn der Sarg oder die Urne abgelassen wird, und auch beim Gebet, zum Beispiel beim „Vaterunser". Dasselbe gilt übrigens auch, wenn Sie auf dem Friedhof unterwegs sind und Sie einer Trauergesellschaft mit Sarg oder Urne begegnen: Bleiben Sie einfach schweigend stehen und nehmen Sie die Kopfbedeckung ab; das ist in unserem Kulturkreis das beste Zeichen der Pietät in einem solchen Fall. Immer wieder kann man auch sehen, dass Personen bei Beerdigungen Sonnenbrillen tragen, um die Tränen in den Augen nicht zu zeigen. Natürlich ist dies möglich; beachten Sie aber unbedingt, dass Trauerhallen oft relativ wenig beleuchtet sind und es daher gerade auch mit Sonnenbrille schwierig sein kann, sich zu orientieren. Ein kleiner Tipp am Rande: Stecken Sie unbedingt Taschentücher ein; auch wenn man eigentlich wenig beteiligt ist, kann es durchaus sein, dass einen eine Trauerfeier rührt und man entweder die eine oder andere Träne wegwischen oder sich schnäuzen möchte. Achten Sie nebenbei bei Kleidungsstücken, die Sie zur Beerdigung tragen möchten, auch auf eventuelle Aufdrucke. Es kann sein, dass bestimmte Schriftzüge oder Darstellungen, die sonst überhaupt nicht auffallen würden, auf einer Beisetzung fehl am Platz erscheinen können und sich andere dadurch gestört fühlen. Wenn die Beerdigung in einem Friedwald stattfindet oder ohne Trauerhalle auf dem Friedhof, kann es sein, dass Sie längere Zeit stehen müssen; außerdem kann der Weg von der Trauerhalle oder der Kirche zum Grab etwas länger sein. Achten Sie deshalb auch darauf, bequemes aber angemessenes Schuhwerk zu tragen.

In Kirchen und Trauerhallen sowie anderen Abschiedsräumen sind üblicherweise die ersten Reihen an Bänken oder Stühlen für Angehörige reserviert. Nehmen Sie also, wenn Sie zu dieser Gruppe gehören, in den vorderen Reihen Platz, auch damit diese Reihen am Schluss nicht leer bleiben. Gehören Sie nicht zu den Angehörigen, suchen Sie sich einen Platz weiter hinten. Zur Pietät im Moment der Beisetzung gehört das Schweigen. In Kirche oder Trauerhalle genauso wie am Friedhof sollte man also lautes Gespräch unterlassen und der Stille Raum geben.

Was das Sitzen oder Aufstehen angeht, wird die Leiterin oder der Leiter der Beisetzung entsprechende Hinweise geben oder Sie richten sich nach der Mehrheit der Anwesenden.

Denken Sie bitte unbedingt daran, Ihr Mobiltelefon aus- oder wenigstens auf lautlos zu stellen. Gerade bei einer Trauerfeier kann der Klingelton eines Handys sehr störend sein.

Wenn der Sarg oder die Urne aus der Trauerhalle auf den Friedhof gebracht werden, folgen direkt danach die Angehörigen und daran schließen sich alle anderen an. Der Weg zum Grab wird üblicherweise im Schweigen oder im Gebet verbracht. Gespräche sollten Sie in diesem Moment unterlassen. Diese könnten von anderen als sehr störend empfunden werden.

Am Grab selbst suchen Sie sich einen Platz ganz nach den Gegebenheiten. Zu Ende der Feier ist es meistens üblich, dass alle Anwesenden sich noch einzeln am Grab von dem/der Verstorbenen verabschieden. Dazu tritt man schweigend vor, man kann sich auch kurz verneigen, was eine schöne Geste darstellt. Oft ist Weihwasser vorhanden, das man auf Sarg oder Urne spritzen kann, außerdem kann man eine kleine Menge Erde ins Grab werfen als Zeichen des Abschieds und der Beerdigung. Immer wieder bringen Menschen auch Blumen mit oder es sind Blumen oder Blütenblätter vorhanden, die man zur Verabschiedung ins Grab werfen kann. Eine schöne Geste kann auch sein, dass man die Blumen in einer am Grab aufgestellten Vase sammelt, sodass diese dann nach dem Schließen des Grabes auf das Grab gestellt werden kann oder die Blumen beispielsweise für ein Gesteck auf dem Grab verwendet werden können. Wenn Ihnen die eine oder andere Zeichenhandlung als für Sie nicht passend erscheint, können Sie diese natürlich auch unterlassen. Sie sind zu keiner Handlung verpflichtet. Immer wieder bringen Menschen auch andere Dinge mit, die sie gerne der verstorbenen Person mit ins Grab geben, so beispielsweise von Kindern gemalte Bilder oder Erinnerungsfotos. Das ist ein wertvoller Brauch, und Sie können dies natürlich auch tun. Achten Sie dabei bitte aber auch darauf, dass manche Dinge als unpassend empfunden werden könnten. Und außerdem könnten schwere Gegenstände beim Fallenlassen ins Grab ein dumpfes Geräusch am Sarg zur Folge haben, was wiederum manch anderen stören könnte.

Nach dem persönlichen Moment am Grab können Sie sich auch noch von den Angehörigen verabschieden. Oft ist ein stiller Händedruck oder eine schweigende Umarmung beredter als so mancher Satz, der gesagt wird. Hören Sie da auch auf sich selbst und die Situation. Üblich ist es auch, durch „mein Beileid" oder „es tut mir leid" eben das Beileid auszudrücken; ein einfacher Gruß kann aber auch ausreichen. Wenn Angehörige ausdrücklich darum bitten, am Grab von Beileidsbezeigungen Abstand zu nehmen, dann bedeutet dies, genau diese Handlungen nicht zu tun. Sollten Sie selbst sich die Frage stellen, ob Sie das bei der Beisetzung eines Ihrer Angehörigen haben möchten oder nicht, bedenken Sie bitte, dass dies ein Moment ist, in dem viele Menschen Ihnen zeigen möchten, dass sie Ihnen in diesem Moment nahe sind und dass das für Sie auch einen tröstlichen Aspekt haben kann. Seien Sie nicht zu vorschnell mit der Entscheidung, darum zu bitten, von Beileidsbekundungen Abstand zu nehmen.

Nachdem Sie sich von den Angehörigen verabschiedet haben, dürfen Sie auch vom Grab weggehen. Man muss nicht warten, bis alle anderen auch am Grab gewesen waren. Bei sehr kleinen Trauergemeinden empfiehlt sich das aber, um niemanden alleine zurückzulassen, außer die Person möchte das ausdrücklich.

Oft begegnet man bei Beerdigungen Personen, die man schon lange nicht mehr gesehen hat und die man gerne näher begrüßt. Das ist ein schöner Nebeneffekt von solch traurigen Momenten. Begrüßen Sie einander aber bitte mit einigem Abstand zum Grab, damit Sie andere Trauergäste durch eine freudige Begrüßung in diesem schweren Moment nicht stören. Oft laden Angehörige nach der Beerdigung noch zum Essen oder zur Begegnung in einer Gaststätte ein. Dies hat eine lange Tradition und ist eine gute Möglichkeit, um nach dem schweren Moment der Beisetzung ins Gespräch zu kommen. Viele Menschen, die bei einem solchen Termin anwesend sind, haben sich teilweise schon sehr lange nicht mehr getroffen. In manchen Gegenden ist es üblich, dass zu Beginn des „Leichenschmauses“ oder „Leichenmahles“, wie diese Begegnung auch genannt wird, noch Gebete gesprochen werden, zum Beispiel ein Gesätz vom Rosenkranz für die verstorbene Person oder Ähnliches. Wenn Sie zu der Begegnung eingeladen sind und dies der Fall ist, nehmen Sie bitte am Gebet teil oder verhalten Sie sich zumindest schweigend, wenn Sie das Gebet nicht teilen möchten. Dieses durch Tischgespräche zu stören, kann für die Angehörigen sehr belastend sein. Bei dieser Begegnung mit anderen über die verstorbene Person zu sprechen, ist mehr als erwünscht. Hier kann man gut miteinander in Erinnerungen schwelgen, ganz nach dem Motto: „Weißt du noch …“ Für viele Menschen ist ein solches Teilen von Erinnerung eine hilfreiche Methode der Trauerverarbeitung. Übrigens sind bei einer Begegnung nach der Beisetzung die Angehörigen die Gastgeber; deshalb gehört es zum guten Ton, dass Sie diese auch begrüßen und sich von ihnen verabschieden. Der Moment des Gespräches in der Gaststätte kann übrigens auch der Moment der Übergabe einer Kondolenzkarte sein.

Ein kleines Wort noch zu Geldgaben: Immer wieder bitten Angehörige anstelle von Blumen auch um Spenden beispielsweise für wohltätige Organisationen, oft auch, weil es die verstorbene Person es sich selbst so gewünscht hat oder weil die Bestattungsform keinen Platz für entsprechenden Blumenschmuck bietet. Sich an einer solchen Spendenaktion zu beteiligen, ist eine schöne Geste; auch kleine Summen können hier helfen. In manchen Gegenden ist es auch üblich, Geld für die Unterstützung der Angehörigen, für die Bezahlung der Beisetzung oder für die Finanzierung von weiteren Gedenkgottesdiensten zu geben. Hören Sie auch hier auf sich selbst und Ihr Gefühl, was für Sie richtig und stimmig ist.

## In verschiedenen Situationen

Bei Beerdigungen kommen natürlich auch die unterschiedlichen Prägungen unserer Gesellschaft zum Tragen. Wer Kontakte zu Menschen hat, wird auch in Kontakt mit ihrem Ableben kommen. Deshalb sind wir von Todesfällen als Kollegen genauso betroffen wie als Nachbarn, Verwandte oder Vereinsmitglieder. Dabei aber spielt jeweils der Hintergrund der verstorbenen Person bzw. ihres Umfelds auch wieder eine Rolle. Beerdigungen können bei Menschen, die beispielsweise einer Ordensgemeinschaft angehört haben, ganz anders aussehen als bei anderen, die Mitglied eines Serviceclubs waren. Oft verbinden sich mit dem Eingebundensein in bestimmte Zusammenhänge auch Bräuche und Riten, die dann auch bei einer Beisetzung zum Tragen kommen. Religiöse Gemeinschaften wie beispielsweise Ritterorden kennen den Brauch eines Bahrtuches, also einer großen Fahne mit dem Symbol des Ordens, die über den Sarg gelegt wird. Studentenverbindungen, die Feuerwehr, das Rote Kreuz oder andere Vereine wiederum stellen eventuell eine Ehrenwache, die in einer bestimmten Vereinstracht und mit einer Fahne oder Ähnlichem an der Feier teilnimmt. Musikvereine sind meistens gerne bereit, die Beisetzung eines Mitglieds musikalisch zu umrahmen. Auch bei der Beerdigung von Soldaten beispielsweise können besondere Gestaltungselemente hinzukommen. Die Liste ließe sich noch deutlich verlängern. Wichtig ist ein Zweifaches: Zum einen, wenn Sie als Vertretung der entsprechenden Gruppierung für die letzte Ehre Ihres verstorbenen Mitglieds, Kollegen usw. zuständig sind: Fragen Sie bitte die Angehörigen, ob ihnen recht ist, wenn ein Nachruf gehalten wird, eine Delegation offiziell an der Feier teilnimmt oder Ähnliches. Für die Familie kann es unklar sein, was die jeweilige Organisation für die Beerdigung vorsieht, und es kann sein, dass sie durch eine Aktion unangenehm überrascht ist. Auf der anderen Seite kann auch sein, dass man erwartet, dass Sie erscheinen – und dann die Enttäuschung groß ist, wenn keine Kommunikation in der Richtung geschieht oder gar niemand anwesend ist.

Sollten Sie als Angehöriger von entsprechenden Vorhaben anderer gesellschaftlicher Gruppen erfahren, machen Sie sich bitte bewusst, dass es für diese ein großes Anliegen sein kann, bei der Beerdigung der jeweiligen Person ihren Dienst zu leisten. Auch wenn Ihnen die Art vielleicht fremd ist oder Sie persönlich keine Beziehung zu der einen oder anderen Organisation haben, war Ihrem verstorbenen Familienmitglied dies anscheinend aber wichtig und stellt damit auch einen besonderen Teil seines Lebens dar, der bei dieser Gelegenheit auch eine Würdigung erfahren sollte.

Was das Niederlegen von Kränzen, Blumenschalen oder Ähnlichem in Verbindung mit einem Nachruf oder auch ohne einen solchen angeht, sollten Sie sich als Verantwortliche auch immer mit den Angehörigen in Verbindung setzen. Es kann ja sein, dass die Bestattungsform, die für die Person gewählt wurde, das Niederlegen eines Kranzes nicht ermöglicht, was beispielsweise bei einer Bestattung in der Urnenwand oder in einem Friedwald gilt. Genauso ist es mit musikalischen Beiträgen oder Ähnlichem: Eventuell ist das vor Ort nicht möglich, weil bestimmte Vorgaben herrschen. Die Feier soll ja am Ende für alle Beteiligten eine gute Möglichkeit geben, sich ihren Bedürfnissen entsprechend zu verabschieden. Bedenken Sie bitte auch, dass religiöse oder weltanschauliche Überzeugungen von Personen bedeuten können, dass bestimmte Dinge bei einer Beerdigung nicht erwünscht sind. Solche Haltungen von Angehörigen sollte man auf alle Fälle respektieren.

Grundsätzlich möchte ich aber unterstreichen, dass ich im Allgemeinen von Angehörigen immer gehört habe, dass sie sich über die Anwesenheit und den Beitrag von entsprechenden Gruppierungen gefreut haben, weil das immer eine Wertschätzung für die verstorbene Person und ihre Lebensleistung bedeutet.

## Vom Tod sprechen?

Da ist ein Mitglied eines Vereins verstorben – soll man das bei der nächsten Zusammenkunft ansprechen oder lieber übergehen? Man trifft zufälligerweise Angehörige einer verstorbenen Person, kommt man da im Gespräch auf den Todesfall? Ist es ratsam, mit Kindern über den Tod einer Person zu sprechen, die sie kennen? Solche und ähnliche Fragen tauchen immer wieder auf – und ich kann sie alle nur beantworten mit: Ja, auf alle Fälle! Über den Tod soll man unbedingt sprechen! Das schwere Thema Tod und Sterben verliert seine belastende Dimension zu einem guten Teil. Gerade im persönlichen Gespräch darf man ruhig auch die persönliche Überforderung mit der Thematik zum Ausdruck bringen, und ein Satz wie „Ich weiß auch nicht, was ich sagen soll" kann ein echter Eisbrecher sein.

Das Thema mit Kindern anzusprechen, ist sehr wichtig. Die kleinen Erdenbürger sind sehr sensibel und können Stimmungen deutlich wahrnehmen. Außerdem stellen sie sich Fragen, gerade wenn eine Person einfach nicht mehr da ist. Ihnen auf kindgerechte Art und Weise zu erklären, was geschehen ist, hilft ihnen bei der Verarbeitung der Nachricht. Vorsichtig sollte man aber mit zu bildlichen Erklärungen sein: „Die Tante sitzt jetzt da oben auf einer Wolke und schaut dir zu", kann ein Kind wörtlich nehmen und entsprechend verstehen. Je ehrlicher, klarer und einfacher Sie erklären, umso besser werden Sie verstanden.

## Die kirchliche Begräbnisfeier

Die Beisetzung eines geliebten Menschen zu planen, ist alles andere als einfach. Heute gibt es die unterschiedlichsten Anbieter, die Trauerfeiern gestalten und durchführen. Hier soll die klassische kirchliche Begräbnisfeier erklärt werden, wie sie für Christinnen und Christen üblich ist.

Zur Planung des Begräbnisses gehört natürlich zuallererst, dass Zeit und Ort derselben festgelegt werden. Dies geschieht je nachdem, wie es an Ihrem Wohnort oder am Wohnort Ihrer Angehörigen üblich ist, entweder über ein Bestattungsinstitut, über die Friedhofsverwaltung oder das Pfarrbüro. Sie werden für die Erledigung all der Formalitäten und die Durchführung der Beerdigung ein Bestattungsunternehmen beauftragen; dort können Ihnen die Mitarbeitenden erklären, wie die Organisation üblicherweise vor Ort gehandhabt wird. Dort wird Ihnen auch gesagt, welche Fristen für die Beisetzung gelten, denn die Regelungen liegen bei den deutschen oder den österreichischen Bundesländern bzw. den Schweizer Kantonen. Auch Vorschriften, was die Gräber angeht welche Bestattungsformen es gibt und wie die Beerdigung geregelt ist, kann man Ihnen dort sagen. Bestattungsinstitute finden normalerweise den richtigen Weg, um den Wünschen der verstorbenen Person bzw. ihrer Angehörigen zu entsprechen.

Zur Vorbereitung der Beisetzung gehört außerdem, dass Sie sich zu einem Gespräch mit dem Seelsorger/der Seelsorgerin treffen, der oder die die Feier dann gestalten wird. Dafür ist es hilfreich, wenn Sie sich mit dem Lebenslauf der verstorbenen Person beschäftigen und sich eventuell entsprechende Notizen machen. Vielleicht hat der oder die Verstorbene ja auch selbst geregelt, wie die Beisetzung sein soll. Das empfehle ich übrigens uns allen – selbst festzulegen, wie man beigesetzt werden möchte, was bei der Beerdigung geschehen soll. Diese Regelungen können Ihnen bei der Vorbereitung der Feier sehr helfen. Das Schöne an einem kirchlichen Begräbnis ist, dass es einen Ritus gibt und man deshalb in einer solchen Situation nicht alles neu planen und erfinden muss, sondern sich an die bewährte Form halten kann, auch wenn diese natürlich ganz individuell für die verstorbene Person gestaltet wird.

Prinzipiell sieht eine kirchliche Beisetzung folgendermaßen aus: Für katholische Christen wird eine Heilige Messe gefeiert, also die Eucharistiefeier, in der auch die Kommunion ausgeteilt wird. An vielen Orten und in vielen Familien ist dies nur noch selten der Fall, weil oft den Angehörigen die Eucharistiefeier fremd geworden ist. Grundsätzlich aber gehört sie wesentlich zur Beisetzung einer katholischen Person. Genauso ist ein Gottesdienst in der evangelischen Kirche ein wesentlicher Bestandteil der Beisetzung von evangelischen Christinnen und Christen. Bei der Eucharistiefeier können die Lesungen (eine Lesung aus dem Alten oder Neuen Testament und eine Lesung aus einem der vier Evangelien) extra ausgewählt werden. Dabei sind die in diesem Buch abgedruckten Bibelstellen eine mögliche Auswahl. Allerdings wird Ihnen die Person, die mit Ihnen von kirchlicher Seite die Feier vorbereitet, da auch helfen können – und Sie müssen die Texte nicht selbst aussuchen, das wird sehr gerne für Sie übernommen, wenn Sie keine speziellen Wünsche haben. Auch die musikalische Gestaltung des Gottesdienstes können Sie natürlich mitbestimmen, müssen Sie aber nicht. Auch wenn keine Eucharistiefeier, ein sogenanntes Requiem, für die verstorbene Person gefeiert wird, findet ein Gottesdienst statt, der dann meist direkt am Friedhof gefeiert wird, wenn sich dieser nicht sowieso in der Nähe der Kirche befindet. Aber auch über diese jeweils lokalen Gepflogenheiten wird man Sie informieren. Ein wichtiger Teil der Beisetzungsfeier ist die Ansprache, in der natürlich, wenn Sie das möchten, auch auf das Leben der verstorbenen Person eingegangen werden wird, und dafür ist es eben gut, wenn Sie sich vorher schon ein paar Gedanken über den Lebenslauf der Person gemacht haben – und vielleicht auch darüber, welche besonderen Interessen sie hatte, ob bestimmte Hobbys eine größere Rolle gespielt haben oder andere wichtige Erlebnisse. Sowohl Bestattungsinstitut als auch kirchliche Gemeinde sind dazu da, Sie in dieser schwierigen Situation zu unterstützen und Ihnen so viel wie möglich abzunehmen. Natürlich können Sie auch selbst bei einer Bestattungsfeier aktiv sein, beispielsweise indem Sie einzelne Texte des Ritus vortragen, musikalische Beiträge bringen oder einen eigenen Nachruf sprechen. Hier rate ich Ihnen aber, sich genau zu überlegen, ob Sie sich das auch zutrauen. Der Moment einer Beisetzung ist sehr emotional, und die Trauer kann einen sehr in den Bann ziehen, sodass es durchaus passieren kann, dass nur das Vorlesen eines Textes schon sehr schwierig wird. Hören Sie auch hier auf Ihr Bauchgefühl – und verhalten Sie sich wieder nach dem Prinzip: alles kann, nichts muss.

Nach den kirchlichen Vorgaben sollen die Exequien, wie eine katholische Begräbnisfeier offiziell heißt, an drei Stationen stattfinden: Im Haus des Verstorbenen oder der Friedhofshalle, am Grab und in der Kirche. Das bedeutet auch, dass ein wesentlicher Teil des Begräbnisgottesdienstes in seiner Urform verschiedene Wege sind, die die feiernde Gemeinde zusammen mit dem Leichnam der verstorbenen Person zurücklegt. Diese deuten auf den Lebensweg hin, den die Person bis hierher gegangen ist und erinnern an Jesus Christus, der von sich selbst gesagt hat: „Ich bin der Weg." Daher ist der Zug von der Trauerhalle oder der Kirche zum Grab ein wesentlicher Bestandteil der Feier. Die Stationen der klassischen Begräbnisfeier folgen so aufeinander: Zu Beginn versammelt sich die Trauergemeinde im Sterbehaus oder der Trauerhalle. Liegt die Kirche in der Nähe des Friedhofs, gehen die Trauernden mit dem Sarg zur Kirche, wo die Heilige Messe gefeiert wird. Anschließend begeben sie sich zur Beisetzung an das Grab. Genau das wird aber bei den meisten Begräbnissen nicht mehr eingehalten. Das liegt meistens auch ganz praktisch an lokalen Gegebenheiten, wie schon erwähnt: Liegt eine größere Entfernung zwischen Kirche und Friedhof, findet die Beisetzung direkt nach dem Wortgottesdienst in der Trauerhalle statt. Das Requiem, wie die Totenmesse auch heißt, wird in diesem Fall zu einem früheren oder späteren Zeitpunkt in der Kirche gefeiert – oder entfällt eben, weil es nicht gewünscht ist.

Die eigentliche Beisetzung ist daher meistens mit einem Wortgottesdienst kombiniert, der direkt am Friedhof gefeiert wird. Eine katholische Begräbnisfeier wird von einem Priester oder Diakon geleitet, es gibt aber auch zahlreiche Bistümer, in denen auch pastorale Mitarbeitende Beerdigungsfeiern vorstehen dürfen. Die liturgische Farbe für ein Begräbnis ist violett oder schwarz; beide Farben stehen für die Trauer, das Violett, das in der Liturgie eigentlich für die Buße steht, ist dabei das etwas aufgehellte trauernde Schwarz. Tatsächlich werden auch andere liturgische Farben verwendet: Immer wieder feiert man Begräbnisgottesdienste in der Farbe Weiß (manchmal kombiniert mit Schwarz oder Grau), die auf die österliche Auferstehungshoffnung verweist; manchmal wird der Trauergottesdienst auch mit grünen Gewändern gefeiert, die auf die Farbe der Hoffnung hinweisen und mit dem Verweis auf die Alltäglichkeit des Grün als liturgische Farbe des

Jahreskreises für die Dimension des Todes, der „zum Leben gehört". Bei den Trauerfeiern des Papstes ist Rot die Farbe der Wahl. Der Wortgottesdienst beginnt meist mit einem Musikstück oder einem Lied, währenddessen der Sarg mit dem Leichnam des Verstorbenen oder die Urne mit Weihwasser besprengt und gegebenenfalls mit Weihrauch inzensiert wird. Die Person, die der Feier vorsteht, beginnt dann mit einem Bibelzitat oder dem Kreuzzeichen oder einer anderen Begrüßung die Feier und führt in diese ein. Danach folgt ein Gebet, ein Psalm, woran sich dann eine Lesung aus der Bibel anschließt. Daraufhin wird die Ansprache gehalten, die auf das Leben der verstorbenen Person eingehen, aber auch keinen reinen Nachruf darstellen soll. Die christliche Botschaft soll nämlich in diesem Moment auch ihren Platz haben. Auf die Ansprache folgt üblicherweise ein Musikstück oder ein Lied, an das sich dann Nachrufe anschließen können, wenn denn welche gehalten werden. Diese können natürlich auch einen anderen Platz in der Feier bekommen, beispielsweise am Ende des Gottesdienstes oder direkt am offenen Grab auf dem Friedhof. Danach kommen Gebete, die die Verabschiedung und Segnung der verstorbenen Person zum Inhalt haben. Manchmal geht diesen auch ein stilles Gedenken voraus. Es gibt aber auch die Möglichkeit, dass auf Details aus dem Leben in der Ansprache verzichtet wird; in der Stille des Gedenkens können die Anwesenden ihre je eigenen Erinnerungen wachrufen und so eine persönliche Form des Gedenkens erleben.

Ein Gebet mit Anrufungen folgt, das folgendermaßen lauten kann:

V Zu Jesus Christus rufen wir voll Vertrauen für unseren Bruder (unsere Schwester) N.: Erlöse ihn (sie), o Herr!

A Erlöse ihn (sie), o Herr!

V Von aller Schuld.

A Erlöse ihn (sie), o Herr!

V Durch deine Menschwerdung und dein heiliges Leben.

A Erlöse ihn (sie), o Herr!

V Durch dein Kreuz und Leiden.

A Erlöse ihn (sie), o Herr!

V Durch dein Sterben und dein Auferstehn.

A Erlöse ihn (sie), o Herr!

V Durch deine Wiederkunft in Herrlichkeit.

A Erlöse ihn (sie), o Herr!

Danach wird ein weiterer Text gebetet, in etwa:

V Gütiger Vater,
in deine Hände empfehlen wir unseren
Bruder / unsere Schwester N.
Wir danken dir für alles, womit du ihn (sie) im
Leben beschenkt hast,
und für das Gute, das du durch ihn (sie) gewirkt hast.

Zuversichtlich hoffen wir, dass er (sie) wie alle, die
in Christus gestorben sind,
mit Christus auferstehen wird am Jüngsten Tag.
Wir bitten dich, nimm unseren Bruder/unsere
Schwester auf und gib ihm (ihr) Wohnung und
Heimat bei dir.
Uns aber, die zurückbleiben, stärke im Glauben,
damit wir einander aufrichten und trösten, bis wir
alle mit dir unserem Bruder/unserer Schwester
vereint sind
durch Christus Jesus, unseren Herrn.
A Amen.

Nach diesem Gebet wird oft das alte Lied „Zum Paradies mögen Engel dich geleiten" gesungen:

Zum Paradies mögen Engel dich geleiten,
die heiligen Märtyrer dich begrüßen
und dich führen in die heilige Stadt Jerusalem.

Die Chöre der Engel mögen dich empfangen,
und durch Christus, der für dich gestorben,
soll ewiges Leben dich erfreuen.

Danach geht die Gemeinde mit dem Sarg oder der Urne auf den Friedhof zur Begräbnisstätte. Bleibt der Sarg aber in der Trauerhalle, weil es sich um eine Verabschiedungsfeier vor einer Kremation handelt, finden weitere Teile, die sich bei der Beerdigung auf dem Friedhof ereignen, in der Halle statt.

Am Grab angekommen, segnet die Person, die der Feier vorsteht, das Grab, spricht oft einen Bibelvers und leitet dann zu einigen Zeichenhandlungen über, die mit der Beisetzung zu tun haben. Der Sarg wird in das Grab hinabgelassen; auch dies ist lokal oft unterschiedlich, weil es durchaus Friedhöfe gibt, auf denen ein Ablassen des Sarges während der Feier nicht möglich ist. Dass der Sarg aber in das Grab hinuntergelassen wird, ist ein sehr sprechendes und wichtiges Zeichen. Natürlich tut man sich schwer damit, dabei zuzusehen, wie der Leichnam in die Erde gelassen wird, aber dieser Anblick hat auch viel mit dem Verarbeiten des Abschieds zu tun und ist eine sinnvolle Handlung. Der Sarg (oder unter Umständen die Urne) wird dann mit Weihwasser besprengt, gegebenenfalls mit Weihrauch inzensiert, ein wenig Erde wird auf den Sarg geworfen und das Kreuz über dem Grab aufgerichtet. Die Zeichenhandlungen können auch etwas variieren, wenn die Gegebenheiten es erfordern; beispielsweise gibt es bei der Beisetzung einer Urne in einer Urnenwand keinen Erdwurf; an manchen Orten hingegen ist es nicht üblich, ein Grabkreuz aufzustellen, dann macht die Leiterin oder der Leiter der Beisetzung mit der Hand ein Kreuzzeichen über dem Grab. Diese Handlungen werden jeweils von Worten begleitet, die erklären, worum es bei den einzelnen Zeichen geht. Daran schließen sich Fürbitten an, das „Vaterunser" und eventuell das „Gegrüßet seist du, Maria" werden gebetet, ein Abschlussgebet folgt oft auch noch. Außerdem gibt es die Möglichkeit, dass Musikstücke oder Lieder am Grab zu hören sind. Nach Ende der kirchlichen Beisetzung verabschiedet sich die Person, die die Feier leitet, und die Menschen, die an der Feier teilnehmen, haben die Möglichkeit, einzeln ans Grab zu treten und individuell Abschied zu nehmen.

# Tod und Glaube – Texte für die Begleitung in den letzten Stunden

*Gerade die religiöse Dimension des Todes spielt eine ganz wichtige Rolle, weil durch die Konfrontation mit der Endlichkeit des menschlichen Lebens sich auch die Frage nach dem Sinn des Lebens stellt. Dabei fällt bei Gesprächen mit Angehörigen zur Vorbereitung einer Beisetzung oft auf, dass diese zum ersten Mal konkret damit zu tun haben. Daher soll der Ritus einer kirchlichen Beerdigung klar umrissen werden.*

Die christliche Überlieferung bietet einen großen Blumenstrauß an guten Worten, Gedanken und Texten, die sich für die Auseinandersetzung mit der Endlichkeit des Lebens, dem Sterben lieber Menschen und dem Umgang mit dem Tod eignen. Auf den folgenden Seiten habe ich Texte aus der Bibel, aus der Tradition des Christentums, aber auch aus der Literatur zusammengestellt, die als Sammlung dazu dienen sollen, am Sterbebett einer Person vorgelesen zu werden. Sie sind aber auch für die persönliche Reflexion gedacht, als Grundlage für so manches Gespräch – und als Lektüre im Kreis trauernder Angehöriger oder wenn man sich mit dem Thema „Sterben, Tod und was dann" beschäftigen möchte. Dieser Teil des Buches ist eine Schatzkiste, von der ich mir wünsche, dass Sie dort die Juwelen finden können, die Ihnen ganz persönlich in Ihrer Situation am besten helfen können.

# Grundgebete der Kirche

## Das Kreuzzeichen

Im Namen des Vaters und des Sohnes und des Heiligen Geistes. Amen

## Das Vaterunser

Vater unser im Himmel,
geheiligt werde dein Name.
Dein Reich komme.
Dein Wille geschehe, wie im Himmel so auf Erden.
Unser tägliches Brot gib uns heute.
Und vergib uns unsere Schuld, wie auch wir vergeben
unsern Schuldigern.
Und führe uns nicht in Versuchung, sondern erlöse uns von
dem Bösen.

Denn dein ist das Reich und die Kraft und die Herrlichkeit
in Ewigkeit. Amen

## Das Ehre sei dem Vater

Ehre sei dem Vater und dem Sohn und dem Heiligen Geist.

Wie im Anfang so auch jetzt und allezeit und in Ewigkeit.
Amen

## Das Glaubensbekenntnis

Ich glaube an Gott,
den Vater, den Allmächtigen, den Schöpfer des Himmels und der Erde,

und an Jesus Christus, seinen eingeborenen Sohn, unseren Herrn,
empfangen von der Jungfrau Maria,
gelitten unter Pontius Pilatus,
gekreuzigt, gestorben und begraben,
hinabgestiegen in das Reich des Todes,
am dritten Tage auferstanden von den Toten,
aufgefahren in den Himmel;
er sitzt zur Rechten Gottes, des allmächtigen Vaters;
von dort wird er kommen, zu richten die Lebenden und die Toten.

Ich glaube an den Heiligen Geist,
die heilige katholische Kirche,
Gemeinschaft der Heiligen,
Vergebung der Sünden,
Auferstehung der Toten
und das ewige Leben. Amen

## Das „Gegrüßet seist du, Maria"

Gegrüßet seist du, Maria, voll der Gnade, der Herr ist mit dir. Du bist gebenedeit unter den Frauen, und gebenedeit ist die Frucht deines Leibes, Jesus.

Heilige Maira, Mutter Gottes, bitte für uns Sünder jetzt und in der Stunde unseres Todes. Amen

## Texte aus der Bibel

Unterschiedliche Texte aus der Bibel und anderen Quellen stehen hier als Anregung und zur Auswahl, wenn man mit Sterbenden beten möchte, wenn man sie begleitet, wenn das Gespräch auf das Thema Tod und Sterben sowie ein Leben nach dem Tod und Auferstehung kommt:

### Psalm 16:

Behüte mich, Gott, denn bei dir habe ich mich geborgen! Ich sagte zum HERRN: Mein Herr bist du,
mein ganzes Glück bist du allein.

> An den Heiligen, die im Land sind, an den Herrlichen
> habe ich all mein Gefallen:

Zahlreich sind die Schmerzen derer, die einem anderen Gott nacheilen. Ich will ihre Trankopfer von Blut nicht spenden,
ich nehme ihre Namen nicht auf meine Lippen.

> Der HERR ist mein Erbteil, er reicht mir den Becher,
> du bist es, der mein Los hält.

Die Messschnur fiel mir auf liebliches Land.
Ja, mein Erbe gefällt mir.

Ich preise den HERRN, der mir Rat gibt,
auch in Nächten hat mich mein Innerstes gemahnt.

Ich habe mir den HERRN beständig vor Augen gestellt,
weil er zu meiner Rechten ist, wanke ich nicht.

Darum freut sich mein Herz und jubelt meine Ehre,
auch mein Fleisch wird wohnen in Sicherheit.

Denn du überlässt mein Leben nicht der Totenwelt;
du lässt deinen Frommen die Grube nicht schauen.

Du lässt mich den Weg des Lebens erkennen.
Freude in Fülle vor deinem Angesicht,
Wonnen in deiner Rechten für alle Zeit.

**Psalm 22:**

Mein Gott, mein Gott, warum hast du mich verlassen,
bleibst fern meiner Rettung, den Worten meines Schreiens?

Mein Gott, ich rufe bei Tag, doch du gibst keine Antwort;
und bei Nacht, doch ich finde keine Ruhe.

Aber du bist heilig,
du thronst über dem Lobpreis Israels.

Dir haben unsere Väter vertraut,
sie haben vertraut und du hast sie gerettet.

Zu dir riefen sie und wurden befreit,
dir vertrauten sie und wurden nicht zuschanden.

Ich aber bin ein Wurm und kein Mensch,
der Leute Spott, vom Volk verachtet.

Alle, die mich sehen, verlachen mich,
verziehen die Lippen, schütteln den Kopf:

Wälze die Last auf den HERRN!
Er soll ihn befreien,

er reiße ihn heraus,
wenn er an ihm Gefallen hat!

Du bist es, der mich aus dem Schoß meiner Mutter zog,
der mich anvertraut der Brust meiner Mutter.

Von Geburt an bin ich geworfen auf dich,
vom Mutterleib an bist du mein Gott.

Sei mir nicht fern, denn die Not ist nahe
und kein Helfer ist da!

Viele Stiere haben mich umgeben,
Büffel von Baschan mich umringt.

Aufgesperrt haben sie gegen mich ihren Rachen,
wie ein reißender, brüllender Löwe.

Hingeschüttet bin ich wie Wasser, gelöst haben
sich all meine Glieder,
mein Herz ist geworden wie Wachs, in meinen
Eingeweiden zerflossen.

Meine Kraft ist vertrocknet wie eine Scherbe,
die Zunge klebt mir am Gaumen,
du legst mich in den Staub des Todes.

Denn Hunde haben mich umlagert, eine Rotte von
Bösen hat mich umkreist.
Sie haben mir Hände und Füße durchbohrt.

Ich kann all meine Knochen zählen;
sie gaffen und starren mich an.

Sie verteilen unter sich meine Kleider
und werfen das Los um mein Gewand.

Du aber, HERR, halte dich nicht fern!
Du, meine Stärke, eile mir zu Hilfe!

Entreiß mein Leben dem Schwert,
aus der Gewalt der Hunde mein einziges Gut!

Rette mich vor dem Rachen des Löwen
und vor den Hörnern der Büffel! Du hast mir
Antwort gegeben.

Ich will deinen Namen meinen Brüdern verkünden,
inmitten der Versammlung dich loben.

Die ihr den HERRN fürchtet, lobt ihn; all ihr
Nachkommen Jakobs, rühmt ihn;

erschauert vor ihm, all ihr Nachkommen
Israels!

Denn er hat nicht verachtet,
nicht verabscheut des Elenden Elend.

Er hat sein Angesicht nicht verborgen vor ihm;
er hat gehört, als er zu ihm schrie.

Von dir kommt mein Lobpreis in großer
Versammlung,
ich erfülle mein Gelübde vor denen, die ihn
fürchten.

Die Armen sollen essen und sich sättigen; den
HERRN sollen loben, die ihn suchen.
Aufleben soll euer Herz für immer.

Alle Enden der Erde sollen daran denken und sich
zum HERRN bekehren:
Vor dir sollen sich niederwerfen alle Stämme der
Nationen.

Denn dem HERRN gehört das Königtum;
er herrscht über die Nationen.

Es aßen und warfen sich nieder alle Mächtigen der
Erde.
Alle, die in den Staub gesunken sind, sollen vor ihm
sich beugen.

Und wer sein Leben nicht bewahrt hat,
Nachkommen werden ihm dienen.

Vom Herrn wird man dem Geschlecht erzählen, das kommen wird. Seine Heilstat verkündet man einem Volk, das noch geboren wird:
Ja, er hat es getan.

**Psalm 23:**

Der HERR ist mein Hirt,
nichts wird mir fehlen.

> Er lässt mich lagern auf grünen Auen
> und führt mich zum Ruheplatz am Wasser.

Meine Lebenskraft bringt er zurück.
Er führt mich auf Pfaden der Gerechtigkeit, getreu seinem Namen.

> Auch wenn ich gehe im finsteren Tal,
> ich fürchte kein Unheil;

denn du bist bei mir,
dein Stock und dein Stab, sie trösten mich.

> Du deckst mir den Tisch
> vor den Augen meiner Feinde.

Du hast mein Haupt mit Öl gesalbt,
übervoll ist mein Becher.

> Ja, Güte und Huld werden mir folgen mein Leben lang
> und heimkehren werde ich ins Haus des HERRN für lange Zeiten.

**Psalm 27** (in Ausschnitten):

Der HERR ist mein Licht und mein Heil:
Vor wem sollte ich mich fürchten?

> Der HERR ist die Zuflucht meines Lebens:
> Vor wem sollte mir bangen?

Höre, HERR, meine Stimme, wenn ich rufe;
sei mir gnädig und gib mir Antwort!

> Mein Herz denkt an dich: Suchet mein Angesicht!
> Dein Angesicht, HERR, will ich suchen.

Verbirg nicht dein Angesicht vor mir; weise deinen Knecht im Zorn nicht ab!
Du wurdest meine Hilfe.

> Verstoß mich nicht, verlass mich nicht,
> du Gott meines Heils!

Wenn mich auch Vater und Mutter verlassen,
der HERR nimmt mich auf.

> Weise mir, HERR, deinen Weg,
> leite mich auf ebener Bahn wegen meiner Feinde!

Gib mich nicht meinen gierigen Gegnern preis;
denn falsche Zeugen standen gegen mich auf und wüten!

> Ich aber bin gewiss, zu schauen
> die Güte des HERRN im Land der Lebenden.

Hoffe auf den HERRN, sei stark und fest sei dein Herz!
Und hoffe auf den HERRN!

**Psalm 42:**

Wie der Hirsch lechzt nach frischem Wasser,
so lechzt meine Seele, nach dir, Gott.

> Meine Seele dürstet nach Gott,
> nach dem lebendigen Gott.

Wann darf ich kommen
und erscheinen vor Gottes Angesicht?

> Meine Tränen sind mir Brot geworden bei Tag und bei Nacht;
> man sagt zu mir den ganzen Tag: Wo ist dein Gott?

Ich denke daran und schütte vor mir meine Seele aus: Ich will in einer Schar einherziehn. Ich will in ihr zum Haus Gottes schreiten,
im Schall von Jubel und Dank in festlich wogender Menge.

> Was bist du bedrückt, meine Seele,
> und was ächzt du in mir?

Harre auf Gott; denn ich werde ihm noch danken
für die Rettung in seinem Angesicht.

Bedrückt ist meine Seele in mir, darum
gedenke ich deiner
im Jordanland, am Hermon, am Berg Mizar.

Flut ruft der Flut zu beim Tosen deiner stürzenden
Wasser,
all deine Wellen und Wogen zogen über mich hin.

Bei Tag entbietet der HERR seine Huld
und in der Nacht ist sein Lied bei mir, ein
Gebet zum Gott meines Lebens.

Sagen will ich zu Gott, meinem Fels:
Warum hast du mich vergessen?

Warum muss ich trauernd einhergehn,
von meinem Feind unterdrückt?

Es trifft mich zu Tode in meinen Gebeinen,
dass meine Bedränger mich verhöhnen,

da sie den ganzen Tag zu mir sagen:
Wo ist dein Gott?

Was bist du bedrückt, meine Seele,
und was ächzt du in mir?

Harre auf Gott; denn ich werde ihm noch
danken,
der Rettung meines Angesichts und meinem
Gott.

**Psalm 103,1–5.11–19:**

Preise den HERRN, meine Seele,
und alles in mir seinen heiligen Namen!

> Preise den HERRN, meine Seele,
> und vergiss nicht, was er dir Gutes getan hat!

Der dir all deine Schuld vergibt
und all deine Gebrechen heilt,

> der dein Leben vor dem Untergang rettet
> und dich mit Huld und Erbarmen krönt,

der dich dein Leben lang mit Gaben sättigt,
wie dem Adler wird dir die Jugend erneuert.

> Denn so hoch der Himmel über der Erde ist,
> so mächtig ist seine Huld über denen, die ihn fürchten.

So weit der Aufgang entfernt ist vom Untergang,
so weit entfernt er von uns unsere Frevel.

> Wie ein Vater sich seiner Kinder erbarmt,
> so erbarmt sich der HERR über alle, die ihn fürchten.

Denn er weiß, was wir für Gebilde sind,
er bedenkt, dass wir Staub sind.

> Wie Gras sind die Tage des Menschen,
> er blüht wie die Blume des Feldes.

Fährt der Wind darüber, ist sie dahin;
der Ort, wo sie stand, weiß nichts mehr von ihr.

Doch die Huld des HERRN währt immer und ewig
für alle, die ihn fürchten.

Seine Gerechtigkeit erfahren noch Kinder und
Enkel, alle, die seinen Bund bewahren,
die seiner Befehle gedenken und danach
handeln.

Der HERR hat seinen Thron errichtet im Himmel,
seine königliche Macht beherrscht das All.

**Psalm 130:**

Aus den Tiefen rufe ich, HERR, zu dir:
Mein Herr, höre doch meine Stimme!

Lass deine Ohren achten
auf mein Flehen um Gnade.

Würdest du, HERR, die Sünden beachten,
mein Herr, wer könnte bestehn?

Doch bei dir ist Vergebung,
damit man in Ehrfurcht dir dient.

Ich hoffe auf den HERRN, es hofft meine Seele,
ich warte auf sein Wort.

Meine Seele wartet auf meinen Herrn
mehr als Wächter auf den Morgen,

ja, mehr als Wächter auf den Morgen.
Israel, warte auf den HERRN,

denn beim HERRN ist die Huld,
bei ihm ist Erlösung in Fülle.

Ja, er wird Israel erlösen
aus all seinen Sünden.

**Psalm 139,1–18.23–24:**

HERR, du hast mich erforscht und kennst mich. Ob ich sitze oder stehe, du kennst es.
Du durchschaust meine Gedanken von fern.

Ob ich gehe oder ruhe, du hast es gemessen.
Du bist vertraut mit all meinen Wegen.

Ja, noch nicht ist das Wort auf meiner Zunge,
siehe, HERR, da hast du es schon völlig erkannt.

Von hinten und von vorn hast du mich umschlossen,
hast auf mich deine Hand gelegt.

Zu wunderbar ist für mich dieses Wissen,
zu hoch, ich kann es nicht begreifen.

Wohin kann ich gehen vor deinem Geist,
wohin vor deinem Angesicht fliehen?

Wenn ich hinaufstiege zum Himmel – dort bist du;
wenn ich mich lagerte in der Unterwelt – siehe, da bist du.

Nähme ich die Flügel des Morgenrots,
ließe ich mich nieder am Ende des Meeres,

auch dort würde deine Hand mich leiten
und deine Rechte mich ergreifen.

Würde ich sagen: Finsternis soll mich
verschlingen und das Licht um mich soll Nacht
sein!
Auch die Finsternis ist nicht finster vor dir,

die Nacht leuchtet wie der Tag,
wie das Licht wird die Finsternis.

Du selbst hast mein Innerstes geschaffen,
hast mich gewoben im Schoß meiner Mutter.

Ich danke dir, dass ich so staunenswert und
wunderbar gestaltet bin.
Ich weiß es genau: Wunderbar sind deine Werke.

Dir waren meine Glieder nicht verborgen, als
ich gemacht wurde im Verborgenen,
gewirkt in den Tiefen der Erde.

Als ich noch gestaltlos war, sahen mich bereits
deine Augen.
In deinem Buch sind sie alle verzeichnet:

die Tage, die schon geformt waren,
als noch keiner von ihnen da war.

Wie kostbar sind mir deine Gedanken, Gott!
Wie gewaltig ist ihre Summe!

Wollte ich sie zählen, sie sind zahlreicher als der Sand.
Ich erwache und noch immer bin ich bei dir.

Erforsche mich, Gott, und erkenne mein Herz,
prüfe mich und erkenne meine Gedanken!

Sieh doch, ob ich auf dem Weg der Götzen bin,
leite mich auf dem Weg der Ewigkeit!

**Psalm 142:**

Mit lauter Stimme schrei ich zum HERRN,
laut flehe ich zum HERRN um Gnade.

Ich schütte vor ihm meine Klage aus,
tue vor ihm kund meine Drangsal.

Wenn auch in mir mein Lebensgeist schwindet:
Meinen Pfad, du kennst ihn.

Auf dem Weg, den ich gehe,
stellten sie mir eine Falle.

Blicke zur Rechten und schaue:
Niemand ist da, der mich beachtet.

Mir ist jede Zuflucht genommen,
niemand fragt nach meinem Leben.

Zu dir, HERR, habe ich geschrien, ich sagte: Du bist meine Zuflucht,
mein Anteil im Land der Lebenden.

Vernimm doch meinen Notschrei,
denn ich bin tief erniedrigt.

Errette mich vor meinen Verfolgern,
denn sie sind mir zu mächtig!

Führe doch mein Leben heraus aus dem Kerker,
damit ich deinen Namen preise!

Um mich werden sich Gerechte scharen,
denn du tust mir Gutes.

**Weisheit 3,1–9:**

Die Seelen der Gerechten aber sind in Gottes Hand und keine Folter kann sie berühren.

In den Augen der Toren schienen sie gestorben, ihr Heimgang galt als Unglück, ihr Scheiden von uns als Vernichtung; sie aber sind in Frieden.

In den Augen der Menschen wurden sie gestraft; doch ihre Hoffnung ist voll Unsterblichkeit. Ein wenig nur werden sie gezüchtigt; doch sie empfangen große Wohltat. Denn Gott hat sie geprüft und fand sie seiner würdig. Wie Gold im Schmelzofen hat er sie erprobt und wie ein Ganzopfer sie angenommen.

Zur Zeit ihrer Heimsuchung werden sie aufleuchten wie Funken, die durch ein Stoppelfeld sprühen. Sie werden Völker richten und über

Nationen herrschen und der Herr wird ihr König sein in Ewigkeit.

Alle, die auf ihn vertrauen, werden die Wahrheit erkennen und die Treuen werden bei ihm bleiben in Liebe. Denn Gnade und Erbarmen werden seinen Heiligen zuteil und Rettung seinen Erwählten.

**Ijob 19,1.23–27a:**

Da antwortete Ijob und sprach:

Würden meine Worte doch geschrieben, würden sie doch in ein Buch eingeritzt, mit eisernem Griffel und mit Blei, für immer gehauen in den Fels.

Doch ich, ich weiß: Mein Erlöser lebt, als Letzter erhebt er sich über dem Staub. Ohne meine Haut, die so zerfetzte, und ohne mein Fleisch werde ich Gott schauen. Ihn selber werde ich dann für mich schauen; meine Augen werden ihn sehen, nicht mehr fremd.

**Jesaja 49,14–16a:**

Doch Zion sagt: Der HERR hat mich verlassen, Gott hat mich vergessen.

Kann denn eine Frau ihr Kindlein vergessen, ohne Erbarmen sein gegenüber ihrem leiblichen Sohn?

Und selbst wenn sie ihn vergisst: Ich vergesse dich nicht.

Sieh her: Ich habe dich eingezeichnet in meine Hände.

**Klagelieder 3,17–26:**

Du hast mich aus dem Frieden hinausgestoßen; ich habe vergessen, was Glück ist. Ich sprach: Dahin ist mein Glanz und mein Vertrauen auf den HERRN. An meine Not und Unrast denken ist Wermut und Gift.

Immer denkt meine Seele daran und ist betrübt in mir. Das will ich mir zu Herzen nehmen, darauf darf ich harren:

Die Huld des HERRN ist nicht erschöpft, sein Erbarmen ist nicht zu Ende. Neu ist es an jedem Morgen; groß ist deine Treue.

Mein Anteil ist der HERR, sagt meine Seele, darum harre ich auf ihn. Gut ist der HERR zu dem, der auf ihn hofft, zur Seele, die ihn sucht. Gut ist es, schweigend zu harren auf die Hilfe des HERRN.

**Brief an die Gemeinde in Rom 6,3–9:**

Schwestern und Brüder!

Wisst ihr denn nicht, dass wir, die wir auf Christus Jesus getauft wurden, auf seinen Tod getauft worden sind? Wir wurden ja mit ihm begraben durch die Taufe auf den Tod, damit auch wir, so wie Christus durch die Herrlichkeit des Vaters von den Toten auferweckt wurde, in der Wirklichkeit des neuen Lebens wandeln.

Wenn wir nämlich mit der Gestalt seines Todes verbunden wurden, dann werden wir es auch mit der seiner Auferstehung sein. Wir wissen doch: Unser alter Mensch wurde mitgekreuzigt, damit der von der Sünde beherrschte Leib vernichtet werde, sodass wir nicht mehr Sklaven der Sünde sind. Denn wer gestorben ist, der ist frei geworden von der Sünde.

Sind wir nun mit Christus gestorben, so glauben wir, dass wir auch mit ihm leben werden. Wir wissen, dass Christus, von den Toten auferweckt, nicht mehr stirbt; der Tod hat keine Macht mehr über ihn.

**Brief an die Gemeinde in Rom 8,14–23:**

Schwestern und Brüder!

Die sich vom Geist Gottes leiten lassen, sind Kinder Gottes. Denn ihr habt nicht einen Geist der Knechtschaft empfangen, sodass ihr immer noch Furcht haben müsstet, sondern ihr habt den Geist der Kindschaft empfangen, in dem wir rufen: Abba, Vater!

Der Geist selber bezeugt unserem Geist, dass wir Kinder Gottes sind. Sind wir aber Kinder, dann auch Erben; Erben Gottes und Miterben Christi, wenn wir mit ihm leiden, um mit ihm auch verherrlicht zu werden.

Ich bin nämlich überzeugt, dass die Leiden der gegenwärtigen Zeit nichts bedeuten im Vergleich zu der Herrlichkeit, die an uns offenbar werden soll. Denn die Schöpfung wartet sehnsüchtig auf das Offenbarwerden der Söhne Gottes. Gewiss, die Schöpfung ist der Nichtigkeit unterworfen, nicht aus eigenem Willen, sondern durch den, der sie unterworfen hat, auf Hoffnung hin: Denn auch sie, die Schöpfung, soll von der Knechtschaft der Vergänglichkeit befreit werden zur Freiheit und Herrlichkeit der Kinder Gottes.

Denn wir wissen, dass die gesamte Schöpfung bis zum heutigen Tag seufzt und in Geburtswehen liegt. Aber nicht nur das, sondern auch wir, obwohl wir als Erstlingsgabe den Geist haben, auch wir seufzen in unserem Herzen und warten darauf, dass wir mit der Erlösung unseres Leibes als Söhne offenbar werden.

**Brief an die Gemeinde in Rom 8,31b–35.37–39:**

Schwestern und Brüder!

Ist Gott für uns, wer ist dann gegen uns? Er hat seinen eigenen Sohn nicht verschont, sondern ihn für uns alle hingegeben – wie sollte er uns mit ihm nicht alles schenken? Wer kann die Auserwählten Gottes anklagen? Gott ist es, der gerecht macht. Wer kann sie verurteilen? Christus Jesus, der gestorben ist, mehr noch: Der auferweckt worden ist, er sitzt zur Rechten Gottes und tritt für uns ein.

Was kann uns scheiden von der Liebe Christi? Bedrängnis oder Not oder Verfolgung, Hunger oder Kälte, Gefahr oder Schwert? Doch in alldem tragen wir einen glänzenden Sieg davon durch den, der uns geliebt hat.

Denn ich bin gewiss: Weder Tod noch Leben, weder Engel noch Mächte, weder Gegenwärtiges noch Zukünftiges noch Gewalten, weder Höhe oder Tiefe noch irgendeine andere Kreatur können uns scheiden von der Liebe Gottes, die in Christus Jesus ist, unserem Herrn.

**Erster Brief an die Gemeinde in Korinth 15,20–23:**

Schwestern und Brüder!

Nun aber ist Christus von den Toten auferweckt worden als der Erste der Entschlafenen. Da nämlich durch einen Menschen der Tod gekommen ist, kommt durch einen Menschen auch die Auferstehung der Toten.

Denn wie in Adam alle sterben, so werden in Christus alle lebendig gemacht werden. Es gibt aber eine bestimmte Reihenfolge: Erster ist Christus; dann folgen, wenn Christus kommt, alle, die zu ihm gehören.

**Brief an die Gemeinde in Philippi 3,20–21:**

Schwestern und Brüder!

Denn unsere Heimat ist im Himmel. Von dorther erwarten wir auch Jesus Christus, den Herrn, als Retter, der unseren armseligen Leib verwandeln wird in die Gestalt seines verherrlichten Leibes, in der Kraft, mit der er sich auch alles unterwerfen kann.

**Erster Brief an die Gemeinde in Thessalonich 4,13–18:**

Brüder und Schwestern,

wir wollen euch über die Entschlafenen nicht in Unkenntnis lassen, damit ihr nicht trauert wie die anderen, die keine Hoffnung haben.

Denn wenn wir glauben, dass Jesus gestorben und auferstanden ist, so wird Gott die Entschlafenen durch Jesus in die Gemeinschaft mit ihm führen. Denn dies sagen wir euch nach einem Wort des Herrn: Wir, die Lebenden, die noch übrig sind bei der Ankunft des Herrn, werden den Entschlafenen nichts voraushaben.

Denn der Herr selbst wird vom Himmel herabkommen, wenn der Befehl ergeht, der Erzengel ruft und die Posaune Gottes erschallt.

Zuerst werden die in Christus Verstorbenen auferstehen; dann werden wir, die Lebenden, die noch übrig sind, zugleich mit ihnen auf den Wolken in die Luft entrückt zur Begegnung mit dem Herrn. Dann werden wir immer beim Herrn sein. Tröstet also einander mit diesen Worten!

**Erster Johannesbrief 3,1–2:**

Schwestern und Brüder!

Seht, welche Liebe uns der Vater geschenkt hat: Wir heißen Kinder Gottes und wir sind es. Deshalb erkennt die Welt uns nicht, weil sie ihn nicht erkannt hat.

Geliebte, jetzt sind wir Kinder Gottes. Doch ist noch nicht offenbar geworden, was wir sein werden.

Wir wissen, dass wir ihm ähnlich sein werden, wenn er offenbar wird; denn wir werden ihn sehen, wie er ist.

**Offenbarung des Johannes 7,9.10.15–17:**

Danach sah ich und siehe, eine große Schar aus allen Nationen und Stämmen, Völkern und Sprachen; niemand konnte sie zählen. Sie standen vor dem Thron und vor dem Lamm, gekleidet in weiße Gewänder, und trugen Palmzweige in den Händen. Sie riefen mit lauter Stimme und sprachen:

Die Rettung kommt von unserem Gott, der auf dem Thron sitzt, und von dem Lamm.

Deshalb stehen sie vor dem Thron Gottes und dienen ihm bei Tag und Nacht in seinem Tempel; und der, der auf dem Thron sitzt, wird sein Zelt über ihnen aufschlagen. Sie werden keinen Hunger und keinen Durst mehr leiden und weder Sonnenglut noch irgendeine sengende Hitze wird auf ihnen lasten. Denn das Lamm in der Mitte vor dem Thron wird sie weiden und zu den Quellen führen, aus denen das Wasser des Lebens strömt, und Gott wird alle Tränen von ihren Augen abwischen.

**Offenbarung des Johannes 21,1–5a.6b–7:**

Dann sah ich einen neuen Himmel und eine neue Erde; denn der erste Himmel und die erste Erde sind vergangen, auch das Meer ist nicht mehr. Ich sah die heilige Stadt, das neue Jerusalem, von Gott her aus dem Himmel herabkommen; sie war bereit wie eine Braut, die sich für ihren Mann geschmückt hat.

Da hörte ich eine laute Stimme vom Thron her rufen: Seht, die Wohnung Gottes unter den Menschen! Er wird in ihrer Mitte wohnen und sie werden sein Volk sein; und er, Gott, wird bei ihnen sein. Er wird alle Tränen von ihren Augen abwischen: Der Tod wird nicht mehr sein, keine Trauer, keine Klage, keine Mühsal. Denn was früher war, ist vergangen.

Er, der auf dem Thron saß, sprach: Seht, ich mache alles neu. Ich bin das Alpha und das Omega, der Anfang und das Ende. Wer durstig ist, den werde ich unentgeltlich aus der Quelle trinken lassen, aus der das Wasser des Lebens strömt. Wer siegt, wird dies als Anteil erhalten: Ich werde sein Gott sein und er wird mein Sohn sein.

**Matthäusevangelium 5,1–12a:**

Als Jesus die vielen Menschen sah, stieg er auf den Berg. Er setzte sich und seine Jünger traten zu ihm. Und er öffnete seinen Mund, er lehrte sie und sprach:

Selig, die arm sind vor Gott; denn ihnen gehört das Himmelreich.

Selig die Trauernden; denn sie werden getröstet werden.

Selig die Sanftmütigen; denn sie werden das Land erben.

Selig, die hungern und dürsten nach der Gerechtigkeit; denn sie werden gesättigt werden.

Selig die Barmherzigen; denn sie werden Erbarmen finden.

Selig, die rein sind im Herzen; denn sie werden Gott schauen.

Selig, die Frieden stiften; denn sie werden Kinder Gottes genannt werden.

Selig, die verfolgt werden um der Gerechtigkeit willen; denn ihnen gehört das Himmelreich.

Selig seid ihr, wenn man euch schmäht und verfolgt und alles Böse über euch redet um meinetwillen.

Freut euch und jubelt: Denn euer Lohn wird groß sein im Himmel.

### Matthäusevangelium 11,25–30:

In jener Zeit sprach Jesus:

Ich preise dich, Vater, Herr des Himmels und der Erde, weil du das vor den Weisen und Klugen verborgen und es den Unmündigen offenbart hast. Ja, Vater, so hat es dir gefallen. Alles ist mir von meinem Vater übergeben worden; niemand kennt den Sohn, nur der Vater, und niemand kennt den Vater, nur der Sohn und der, dem es der Sohn offenbaren will.

Kommt alle zu mir, die ihr mühselig und beladen seid! Ich will euch erquicken. Nehmt mein Joch auf euch und lernt von mir; denn ich bin gütig und von Herzen demütig; und ihr werdet Ruhe finden für eure Seele. Denn mein Joch ist sanft und meine Last ist leicht.

### Markusevangelium 15,33–39.16,1–6:

Als die sechste Stunde kam, brach eine Finsternis über das ganze Land herein – bis zur neunten

Stunde. Und in der neunten Stunde schrie Jesus mit lauter Stimme:

Eloï, Eloï, lema sabachtani?, das heißt übersetzt: Mein Gott, mein Gott, warum hast du mich verlassen?

Einige von denen, die dabeistanden und es hörten, sagten: Hört, er ruft nach Elija!

Einer lief hin, tauchte einen Schwamm in Essig, steckte ihn auf ein Rohr und gab Jesus zu trinken. Dabei sagte er: Lasst, wir wollen sehen, ob Elija kommt und ihn herabnimmt.

Jesus aber schrie mit lauter Stimme. Dann hauchte er den Geist aus.

Da riss der Vorhang im Tempel in zwei Teile von oben bis unten. Als der Hauptmann, der Jesus gegenüberstand, ihn auf diese Weise sterben sah, sagte er: Wahrhaftig, dieser Mensch war Gottes Sohn.

Als der Sabbat vorüber war, kauften Maria aus Magdala, Maria, die Mutter des Jakobus, und Salome wohlriechende Öle, um damit zum Grab zu gehen und Jesus zu salben. Am ersten Tag der Woche kamen sie in aller Frühe zum Grab, als eben die Sonne aufging.

Sie sagten zueinander: Wer könnte uns den Stein vom Eingang des Grabes wegwälzen? Doch als sie hinblickten, sahen sie, dass der Stein schon weggewälzt war; er war sehr groß.

Sie gingen in das Grab hinein und sahen auf der rechten Seite einen jungen Mann sitzen, der mit einem weißen Gewand bekleidet war; da erschraken sie sehr. Er aber sagte zu ihnen: Erschreckt nicht! Ihr sucht Jesus von Nazaret, den Gekreuzigten. Er ist auferstanden; er ist nicht hier. Seht, da ist die Stelle, wohin man ihn gelegt hat.

**Lukasevangelium 10,25–28:**

In jener Zeit wollte ein Gesetzeslehrer Jesus auf die Probe stellen, und fragte ihn:

Meister, was muss ich tun, um das ewige Leben zu erben?

Jesus sagte zu ihm: Was steht im Gesetz geschrieben? Was liest du?

Er antwortete: Du sollst den Herrn, deinen Gott, lieben mit deinem ganzen Herzen und deiner ganzen Seele, mit deiner ganzen Kraft und deinem ganzen Denken, und deinen Nächsten wie dich selbst.

Jesus sagte zu ihm: Du hast richtig geantwortet. Handle danach und du wirst leben!

**Lukasevangelium 24,13–35:**

Und siehe, am gleichen Tag waren zwei von den Jüngern auf dem Weg in ein Dorf namens Emmaus, das sechzig Stadien von Jerusalem entfernt ist.

Sie sprachen miteinander über all das, was sich ereignet hatte. Und es geschah, während sie redeten und ihre Gedanken austauschten, kam Jesus selbst hinzu und ging mit ihnen. Doch ihre Augen waren gehalten, sodass sie ihn nicht erkannten.

Er fragte sie: Was sind das für Dinge, über die ihr auf eurem Weg miteinander redet? Da blieben sie traurig stehen und der eine von ihnen – er hieß Kleopas – antwortete ihm: Bist du so fremd in Jerusalem, dass du als Einziger nicht weißt, was in diesen Tagen dort geschehen ist?

Er fragte sie: Was denn? Sie antworteten ihm: Das mit Jesus aus Nazaret. Er war ein Prophet, mächtig in Tat und Wort vor Gott und dem ganzen Volk. Doch unsere Hohepriester und Führer haben ihn zum Tod verurteilen und ans Kreuz schlagen lassen. Wir aber hatten gehofft, dass er der sei, der Israel erlösen werde. Und dazu ist heute schon der dritte Tag, seitdem das alles geschehen ist. Doch auch einige Frauen aus unserem Kreis haben uns in große Aufregung versetzt. Sie waren in der Frühe beim Grab, fanden aber seinen Leichnam nicht. Als sie zurückkamen, erzählten sie, es seien ihnen

Engel erschienen und hätten gesagt, er lebe. Einige von uns gingen dann zum Grab und fanden alles so, wie die Frauen gesagt hatten; ihn selbst aber sahen sie nicht.

Da sagte er zu ihnen: Ihr Unverständigen, deren Herz zu träge ist, um alles zu glauben, was die Propheten gesagt haben. Musste nicht der Christus das erleiden und so in seine Herrlichkeit gelangen? Und er legte ihnen dar, ausgehend von Mose und allen Propheten, was in der gesamten Schrift über ihn geschrieben steht. So erreichten sie das Dorf, zu dem sie unterwegs waren. Jesus tat, als wolle er weitergehen, aber sie drängten ihn und sagten: Bleibe bei uns; denn es wird Abend, der Tag hat sich schon geneigt! Da ging er mit hinein, um bei ihnen zu bleiben.

Und es geschah, als er mit ihnen bei Tisch war, nahm er das Brot, sprach den Lobpreis, brach es und gab es ihnen. Da wurden ihre Augen aufgetan und sie erkannten ihn; und er entschwand ihren Blicken.

Und sie sagten zueinander: Brannte nicht unser Herz in uns, als er unterwegs mit uns redete und uns den Sinn der Schriften eröffnete?

Noch in derselben Stunde brachen sie auf und kehrten nach Jerusalem zurück und sie fanden die Elf und die mit ihnen versammelt waren. Diese sagten: Der Herr ist wirklich auferstanden und ist dem Simon erschienen. Da erzählten auch sie, was sie unterwegs erlebt und wie sie ihn erkannt hatten, als er das Brot brach.

## Johannesevangelium 6,37–40:

In jener Zeit sprach Jesus zu der Menge:

Alles, was der Vater mir gibt, wird zu mir kommen, und wer zu mir kommt, den werde ich nicht abweisen; denn ich bin nicht vom Himmel herabgekommen, um meinen Willen zu tun, sondern den Willen dessen, der mich gesandt hat.

Das aber ist der Wille dessen, der mich gesandt hat, dass ich keinen von denen, die er mir gegeben hat, zugrunde gehen lasse, sondern dass ich sie auferwecke am Jüngsten Tag. Denn das ist der Wille meines Vaters, dass jeder, der den Sohn sieht und an ihn glaubt, das ewige Leben hat und dass ich ihn auferwecke am Jüngsten Tag.

## Johannesevangelium 11,21–27:

In jener Zeit sagte Marta zu Jesus:

Herr, wärst du hier gewesen, dann wäre mein Bruder nicht gestorben. Aber auch jetzt weiß ich: Alles, worum du Gott bittest, wird Gott dir geben.

Jesus sagte zu ihr: Dein Bruder wird auferstehen.

Marta sagte zu ihm: Ich weiß, dass er auferstehen wird bei der Auferstehung am Jüngsten Tag.

Jesus sagte zu ihr: Ich bin die Auferstehung und das Leben. Wer an mich glaubt, wird leben, auch wenn er stirbt, und jeder, der lebt und an mich glaubt, wird auf ewig nicht sterben. Glaubst du das?

Marta sagte zu ihm: Ja, Herr, ich glaube, dass du der Christus bist, der Sohn Gottes, der in die Welt kommen soll.

## Texte aus der Tradition der Kirche

In den Jahrhunderten der Geschichte des Christentums haben die unterschiedlichsten Menschen Texte geschrieben, in denen sie sich auf ihre je eigene Weise mit der Frage nach dem Tod auseinandersetzen. Hier sind ein paar Texte ausgewählt, die vorgelesen werden könnten oder auch der eigenen Reflexion dienen.

### Der Tod ein Gut

Nach der Lehre der Schrift ist der Tod die Befreiung der Seele vom Leibe, die Scheidung gewissermaßen des Menschen.

Wir werden im Sterben gelöst von den Banden, welche Leib und Seele vereinigt halten. Darum sagt der Psalmist: „Du hast meine Bande zerrissen, darum will ich dir ein Opfer des Lobes bringen." Dass er aber dabei an die Fesseln denkt, welche Leib und Seele verbinden, zeigen die vorhergehenden Worte: „Kostbar ist in den Augen des Herrn der Tod seiner Heiligen." Er freut sich, weil er in prophetischem Schauen vorhersieht, dass er bei den Heiligen und bei allen Denjenigen sein werde, welche ihre Seelen in treuer Ergebenheit in Christi Hand niederlegten.

*Ambrosius*

### Über den Tod der Paulina

Wir wollen nicht trauern, dass wir sie verloren haben, sondern dankbar sein dafür, dass wir sie gehabt haben, ja, auch jetzt noch besitzen; denn wer heimkehrt zum Herrn, bleibt in der Gemeinschaft der Gottesfamilie und ist nur vorausgegangen.

*Hieronymus*

### Bekenntnisse

„Groß bist du, o Herr, und überaus preiswürdig; groß ist deine Stärke, und deiner Weisheit ist kein Ziel gesetzt." Und dich will loben ein Mensch, ein winziger Teil deiner Schöpfung, ein Mensch, der schwer trägt an der Bürde seiner Sterblichkeit, schwer trägt auch am Zeugnis seiner Sünde und am Zeugnis, dass „du den Stolzen widerstehst".

Und dennoch will dich loben der Mensch, selbst ein Teil deiner Schöpfung. Du selbst veranlasst ihn, in deinem Preis eine Wonne zu suchen, denn geschaffen hast du uns im Hinblick auf dich, und unruhig ist unser Herz, bis es ruhet in dir.

*Augustinus*

### Sonnengesang

Höchster, allmächtiger, guter Herr, dein sind das Lob, die Herrlichkeit und Ehre und jeglicher Segen.

Dir allein, Höchster, gebühren sie, und kein Mensch ist würdig, dich zu nennen.

Gelobt seist du, mein Herr, mit allen deinen Geschöpfen, zumal dem Herrn Bruder Sonne, welcher der Tag ist und durch den du uns leuchtest. Und schön ist er und strahlend mit großem Glanz: Von dir, Höchster, ein Sinnbild.

Gelobt seist du, mein Herr, durch Schwester Mond und die Sterne; am Himmel hast du sie gebildet, klar und kostbar und schön.

Gelobt seist du, mein Herr, durch Bruder Wind und durch Luft und Wolken und heiteres und jegliches Wetter, durch das du deinen Geschöpfen Unterhalt gibst.

Gelobt seist du, mein Herr, durch Schwester Wasser, gar nützlich ist es und demütig und kostbar und keusch.

Gelobt seist du, mein Herr, durch Bruder Feuer, durch das du die Nacht erleuchtest; und schön ist es und fröhlich und kraftvoll und stark.

Gelobt seist du, mein Herr, durch unsere Schwester, Mutter Erde, die uns erhält und lenkt und vielfältige Früchte hervorbringt und bunte Blumen und Kräuter.

Gelobt seist du, mein Herr, durch jene, die verzeihen um deiner Liebe willen und Krankheit ertragen und Drangsal. Selig jene, die solches ertragen in Frieden, denn von dir, Höchster, werden sie gekrönt.

Gelobt seist du, mein Herr, durch unsere Schwester, den leiblichen Tod; ihm kann kein Mensch lebend entrinnen. Wehe jenen, die in tödlicher Sünde sterben. Selig jene, die er findet in deinem heiligsten Willen, denn der zweite Tod wird ihnen kein Leid antun.

Lobt und preist meinen Herrn und dankt ihm und dient ihm mit großer Demut.

*Franz von Assisi*

## Letzte Worte an sich selbst

Geh sicher und in Frieden; denn du hast ein gutes Geleit. Er, der dich erschaffen hat, hat dir dann den Heiligen Geist gegeben, und er hat dich stets behütet, wie eine Mutter ihr geliebtes Kind.

*Klara von Assisi*

## Nada te turbe

Nichts soll dich ängstigen, nichts dich erschrecken, alles vergeht. Gott ändert sich nicht. Die Geduld erreicht alles. Wer Gott besitzt, dem kann nichts fehlen. Gott allein genügt.

*Teresa von Ávila*

## Ausrufe der Seele

Mein Herr, ich bekenne deine große Macht.

Wenn du so mächtig bist, wie du es bist, was gibt es dann Unmögliches für den, der alles vermag? Wolle es, mein Herr, wolle es, denn wenn ich auch armselig bin, so glaube ich doch fest, dass du vermagst, was du willst, und je größere Wundertaten ich von dir höre und bedenke, dass du noch mehr vermagst, um so mehr kräftigt sich mein Glaube und mit um so größerer Entschlossenheit glaube ich, dass du es tust.

Und was gibt es sich zu wundern über das, was der Allmächtige tut? Du, mein Gott, weißt gut, dass ich es bei all meinen Armseligkeiten nie aufgegeben habe, deine große Macht und Barmherzigkeit anzuerkennen. Mein Herr, darin habe ich dich nicht beleidigt.

Hole du, mein Gott, die verlorene Zeit wieder ein, indem du mir für die gegenwärtige und zukünftige

Zeit die Gnade gibst, vor dir im hochzeitlichen Gewand zu erscheinen, denn wenn du willst, dann kannst du es.

*Teresa von Ávila*

## Von guten Mächten

Von guten Mächten treu und still umgeben, behütet und getröstet wunderbar, so will ich diese Tage mit euch leben und mit euch gehen in ein neues Jahr.

Noch will das alte unsre Herzen quälen, noch drückt uns böser Tage schwere Last. Ach Herr, gib unsern aufgeschreckten Seelen das Heil, für das du uns geschaffen hast.

Und reichst du uns den schweren Kelch, den bittern, des Leids, gefüllt bis an den höchsten Rand, so nehmen wir ihn dankbar ohne Zittern aus deiner guten und geliebten Hand.

Doch willst du uns noch einmal Freude schenken an dieser Welt und ihrer Sonne Glanz, dann wolln wir des Vergangenen gedenken, und dann gehört dir unser Leben ganz.

Lass warm und hell die Kerzen heute flammen, die du in unsre Dunkelheit gebracht, führ, wenn es sein kann, wieder uns zusammen! Wir wissen es, dein Licht scheint in der Nacht.

Wenn sich die Stille nun tief um uns breitet, so lass uns hören jenen vollen Klan der Welt, die unsichtbar sich um uns weitet, all deiner Kinder hohen Lobgesang.

Von guten Mächten wunderbar geborgen, erwarten wir getrost, was kommen mag. Gott ist bei uns am Abend und am Morgen und ganz gewiss an jedem neuen Tag.

*Dietrich Bonhoeffer*

## Befiehl du deine Wege

Befiehl du deine Wege / und was dein Herze kränkt,
der allertreusten Pflege des, / der den Himmel lenkt.

Der Wolken, Luft und Winden / gibt Wege, Lauf und Bahn,
der wird auch Wege finden, / da dein Fuss gehen kann.

Dem Herren musst du trauen, / wenn dir's soll wohlergehn;
auf sein Werk musst du schauen, / wenn dein Werk soll
bestehn.

Mit Sorgen und mit Grämen / und mit selbsteigner Pein
lässt Gott sich gar nichts nehmen, / es muss erbeten sein.

Dein' ewge Treu' und Gnade, / o Vater, weiß und sieht,
was gut sei oder schade / dem sterblichen Geblüt;

und was du dann erlesen, / das treibst du, starker Held,
und bringst zum Stand und Wesen, / was deinem Rat gefällt.

Weg hast du allerwegen,/ an Mitteln fehlt dir's nicht;
dein Tun ist lauter Segen,/ dein Gang ist lauter Licht;

dein Werk kann niemand hindern,/ dein Arbeit darf nicht ruhn,
wenn du, was deinen Kindern / ersprießlich ist, willst tun.

Und ob gleich alle Teufel / hier wollten widerstehn,
so wird doch ohne Zweifel / Gott nicht zurücke gehn;

was er sich vorgenommen / und was er haben will,
das muss doch endlich kommen / zu seinem Zweck und Ziel.

Hoff, o du arme Seele,/ hoff und sei unverzagt!
Gott wird dich aus der Höhle,/ da dich der Kummer plagt,

mit großen Gnaden rücken;/ erwarte nur die Zeit,
so wirst du schon erblicken / die Sonn der schönsten Freud.

Auf, auf, gib deinem Schmerze / und Sorgen gute Nacht,
lass fahren, was das Herze / betrübt und traurig macht;

bist du doch nicht Regente,/ der alles führen soll,
Gott sitzt im Regimente / und führet alles wohl.

Ihn, ihn lass tun und walten,/ er ist ein weiser Fürst
und wird sich so verhalten,/ dass du dich wundern wirst,

wenn er, wie ihm gebühret,/ mit wunderbarem Rat
das Werk hinausgeführet,/ das dich bekümmert hat.

Er wird zwar eine Weile / mit seinem Trost verziehn
und tun an seinem Teile,/ als hätt in seinem Sinn

er deiner sich begeben,/ und sollt'st du für und für
in Angst und Nöten schweben,/ als frag er nichts nach dir.

Wird's aber sich befinden, / dass du ihm treu verbleibst,
so wird er dich entbinden, / da du's am mindsten glaubst;

er wird dein Herze lösen / von der so schweren Last,
die du zu keinem Bösen / bisher getragen hast.

Wohl dir, du Kind der Treue, / du hast und trägst davon
mit Ruhm und Dankgeschreie / den Sieg und Ehrenkron;

Gott gibt dir selbst die Palmen / in deine rechte Hand,
und du singst Freudenpsalmen / dem, der dein Leid gewandt.

Mach End, o Herr, mach Ende / mit aller unsrer Not;
stärk unsre Füß und Hände / und lass bis in den Tod

uns allzeit deiner Pflege / und Treu empfohlen sein,
so gehen unsre Wege / gewiss zum Himmel ein.

*Paul Gerhardt*

## Texte aus der Literatur

Das große Thema des Endes des Lebens, der Hoffnung und der Frage nach dem „Was dann" hat Schriftstellerinnen und Schriftsteller stets beschäftigt. Hier sind einige der bekanntesten Texte gesammelt, die vielen Menschen etwas sagen und daher in der letzten Phase des Lebens auch eine Anregung sein können:

### Herbst

Die Blätter fallen, fallen wie von weit,
als welkten in den Himmeln ferne Gärten;
sie fallen mit verneinender Gebärde.

Und in den Nächten fällt die schwere Erde
aus allen Sternen in die Einsamkeit.

Wir alle fallen. Diese Hand da fällt.
Und sieh dir andere an: es ist in allen.

Und doch ist Einer, welcher dieses Fallen
unendlich sanft in seinen Händen hält.

*Rainer Maria Rilke*

### Mondnacht

Es war, als hätt' der Himmel
die Erde still geküsst,
dass sie im Blütenschimmer
von ihm nun träumen müsst'.

Die Luft ging durch die Felder,
die Ähren wogten sacht,
es rauschten leis' die Wälder,
so sternklar war die Nacht.

Und meine Seele spannte
weit ihre Flügel aus,
flog durch die stillen Lande,
als flöge sie nach Haus.

*Josef von Eichendorff*

## Trost

Du weißt, dass hinter den Wäldern blau
die großen Berge sind.
Und heute nur ist der Himmel grau
und die Erde blind.
Du weißt, dass über den Wolken schwer
die schönen Sterne stehn.
Und heute ist aus dem goldenen Heer
kein einziger zu sehn.
Und warum glaubst du dann nicht auch,
dass uns die Wolke Welt
nur heute als ein flüchtiger Hauch
die Ewigkeit verstellt?

*Christian Morgenstern*

## Geistliche Lieder

Mit oder bei sterbenden Menschen zu singen, ist eine beeindruckende Form des Gebetes. Die bekannten Liedtexte sind Menschen oftmals tief ins Gedächtnis gebrannt, und so können sie diese wider Erwarten mitsprechen oder mitsingen. Auch die gängigen Melodien sind eingängig und daher bei vielen Personen abrufbar, auch wenn sonst oft das Gedächtnis versagt. Die Lieder können Teil einer Feier im Krankenzimmer sein oder einfach auch so gesungen werden. Freilich bietet es sich auch an, den Liedtext zu sprechen.

### So nimm denn meine Hände

So nimm denn meine Hände und führe mich
bis an mein selig Ende und ewiglich.

Ich kann allein nicht gehen, nicht einen Schritt.
Wo du wirst gehn und stehen, da nimm mich mit.

In dein Erbarmen hülle mein schwaches Herz,
und mach es endlich stille in Freud und Schmerz.

Lass ruhn zu deinen Füßen dein armes Kind,
es will die Augen schließen und glauben blind.

Wenn ich auch gleich nichts fühle von deiner Macht,
du führst mich doch zum Ziele, auch durch die Nacht.

So nimm denn meine Hände und führe mich
bis an mein selig Ende und ewiglich.

*Julie Hausmann 1862*

## Wir sind nur Gast auf Erden

Wir sind nur Gast auf Erden und wandern ohne Ruh
mit mancherlei Beschwerden der ewigen Heimat zu.

Die Wege sind verlassen, und oft sind wir allein.
In diesen grauen Gassen will niemand bei uns sein.

Nur einer gibt Geleite, das ist der Herre Christ.
Er wandert treu zur Seite, wenn alles uns vergisst.

Gar manche Wege führen aus dieser Welt hinaus.
O dass wir nicht verlieren den Weg zum Vaterhaus!

Und sind wir einmal müde, dann stell ein Licht uns aus,
o Gott, in deiner Güte, dann finden wir nach Haus.

GL 505, *Georg Thurmair* 1938

## Ich will dich lieben

Ich will dich lieben, meine Stärke,
ich will dich lieben, meine Zier,
ich will dich lieben mit dem Werke
und immerwährender Begier;
ich will dich lieben, schönstes Licht,
bis mir das Herze bricht.

Ich will dich lieben, o mein Leben,
als meinen allerbesten Freund;

ich will dich lieben und erheben,
solange mich dein Glanz bescheint;
ich will dich lieben, Gottes Lamm,
als meinen Bräutigam.

Ach, dass ich dich so spät erkannte,
du hochgelobte Schönheit du,
dass ich nicht eher mein dich nannte,
du höchstes Gut und wahre Ruh;
es ist mir leid, ich bin betrübt,
dass ich so spät geliebt.

Ich lief verirrt und war verblendet,
ich suchte dich und fand dich nicht;
ich hatte mich von dir gewendet
und liebte das geschaffne Licht.
Nun aber ist's durch dich geschehn,
dass ich dich hab ersehn.

Ich danke dir, du wahre Sonne,
dass mir dein Glanz hat Licht gebracht;
ich danke dir, du Himmelswonne,
dass du mich froh und frei gemacht;
ich danke dir, du güldner Mund,
dass du mich machst gesund.

Erhalte mich auf deinen Stegen
und lass mich nicht mehr irregehn;
lass meinen Fuß in deinen Wegen
nicht straucheln oder stillestehn;
erleucht mir Leib und Seele ganz,
du starker Himmelsglanz.

Ich will dich lieben, meine Krone,
ich will dich lieben, meinen Gott,
ich will dich lieben ohne Lohne
auch in der allergrößten Not;
ich will dich lieben, schönstes Licht,
bis mir das Herze bricht.

GL 358, *Angelus Silesius* 1657

## Nun danket alle Gott

Nun danket alle Gott mit Herzen, Mund und Händen,
der große Dinge tut an uns und allen Enden,
der uns von Mutterleib und Kindesbeinen an
unzählig viel zugut bis hierher hat getan.

Der ewigreiche Gott woll uns bei unserm Leben
ein immer fröhlich Herz und edlen Frieden geben
und uns in seiner Gnad erhalten fort und fort
und uns aus aller Not erlösen hier und dort.

Lob, Ehr und Preis sei Gott dem Vater und dem Sohne
und Gott dem Heilgen Geist im höchsten Himmelsthrone,
ihm, dem dreiein'gen Gott, wie es im Anfang war
und ist und bleiben wird so jetzt und immerdar.

GL 405, *Martin Rinckhart* 1636

## Wer nur den lieben Gott lässt walten

Wer nur den lieben Gott lässt walten
und hoffet auf ihn allezeit,
den wird er wunderbar erhalten
in aller Not und Traurigkeit.
Wer Gott, dem Allerhöchsten, traut,
der hat auf keinen Sand gebaut.

Was helfen uns die schweren Sorgen,
was hilft uns unser Weh und Ach?
Was hilft es, dass wir alle Morgen
beseufzen unser Ungemach?
Wir machen unser Kreuz und Leid
nur größer durch die Traurigkeit.

Man halte nur ein wenig stille
und sei doch in sich selbst vergnügt,
wie unser's Gottes Gnadenwille,
wie sein Allwissenheit es fügt;
Gott, der uns sich hat auserwählt,
der weiß auch sehr wohl, was uns fehlt.

Es sind ja Gott sehr leichte Sachen
und ist dem Höchsten alles gleich:
Den Reichen klein und arm zu machen,
den Armen aber groß und reich.
Gott ist der rechte Wundermann,
der bald erhöhn, bald stürzen kann.

Sing, bet und geh auf Gottes Wegen,
verricht das Deine nur getreu

und trau des Himmels reichem Segen,
so wird er bei dir werden neu;
denn welcher seine Zuversicht
auf Gott setzt, den verlässt er nicht.

GL 424, *Johann Georg Neumark* 1657

### Herr, ich bin dein Eigentum

Herr, ich bin dein Eigentum, dein ist ja mein Leben.
Mir zum Heil und Dir zum Ruhm hast du mir's gegeben.
Väterlich führst du mich auf des Lebens Wegen
meinem Ziel entgegen.

Deine Treue wanket nicht, du wirst mein Gedenken,
wirst mein Herz in deinem Licht durch die Zeit hin lenken.
So weiß ich, du hast mich in die Hand geschrieben,
ewig mich zu lieben.

Gib auch, dass ich wachend sei, Herr, an deinem Tage,
und das Licht der Gnaden treu durch mein Leben trage.
Dass ich dann fröhlich kann Dir am End' der Zeiten,
Herr, entgegenschreiten.

GL 435, 1. *Str. Balthasar Münter* 1774, 2. *Str. Georg Thurmair* 1963, 3. *Str. Innsbruck* 1946

## Segne du, Maria

Segne du, Maria, segne mich, dein Kind,
dass ich hier den Frieden, dort den Himmel find!
Segne all mein Denken, segne all mein Tun,
lass in deinem Segen Tag und Nacht mich ruhn!

Segne du, Maria, alle, die mir lieb,
deinen Muttersegen ihnen täglich gib!
Deine Mutterhände breit auf alle aus,
segne alle Herzen, segne jedes Haus!

Segne du, Maria, unsere letzte Stund!
Süße Trosteswörte flüstre dann dein Mund!
Deine Hand, die linde, drück das Auge zu,
bleib im Tod und Leben unser Segen du!

GL 535, *Cordula Wöhler* 1916

## Maria, breit den Mantel aus

Maria, breit den Mantel aus,
mach Schirm und Schild für uns daraus;
lass uns darunter sicher stehn,
bis alle Stürm vorübergehn.
Patronin voller Güte, uns allezeit behüte.

Dein Mantel ist sehr weit und breit,
er deckt die ganze Christenheit,
er deckt die weite, breite Welt,
ist aller Zuflucht und Gezelt.
Patronin voller Güte, uns allezeit behüte!

Maria, hilf der Christenheit,
zeig deine Hilf uns allezeit;
mit deiner Gnade bei uns bleib,
bewahre uns an Seel und Leib!
Patronin voller Güte, uns allezeit behüte!

O Mutter der Barmherzigkeit,
den Mantel über uns ausbreit;
uns all darunter wohl bewahr,
zu jeder Zeit in aller Gefahr.
Patronin voller Güte, uns allezeit behüte.

GL 534, *Innsbruck* 1640

## Die Feier der Aussegnung

Wenn eine Person verstorben ist, bietet es sich an, gemeinsam mit den Angehörigen und Freunden eine Aussegnung zu feiern. Diese kann zu Hause in dem Raum stattfinden, in dem die Person verstorben ist, außerdem auch im Krankenhaus oder dem Pflegeheim im jeweiligen Zimmer. Außerdem gibt es in vielen Kliniken und Altenheimen eigene Abschiedsräume, die dafür vorgesehen sind. Auch in Bestattungsinstituten oder auch am Friedhof sind solche Aussegnungen möglich, wenn sie zu einem späteren Zeitpunkt, also nicht direkt nach dem Eintritt des Todes, stattfinden soll. Nehmen Sie sich die Zeit, die Sie brauchen. Sie können auch einen Sarg noch einmal öffnen lassen, wenn die verstorbene Person bereits in den Sarg gebettet wurde. Eine solche Verabschiedung ist sehr sinnvoll und für den eigenen Trauerprozess hilfreich. Hören Sie hier auf Ihre eigenen Emotionen und Empfindungen. Vielleicht ist es Ihnen lieber, das nicht gleich zu tun; vielleicht möchten Sie die verstorbene Person nicht mehr sehen, weil Sie sie lieber als Lebendige in Erinnerung behalten möchten und Ihnen der Gedanke sehr fremd erscheint, den Leichnam zu sehen. Sprechen Sie auch mit Ihren Angehörigen darüber; jeder und jede Einzelne sollte die Möglichkeit haben, sich so zu verabschieden, wie es der eigenen Verfasstheit am besten entspricht.

Für die Aussegnung können Sie eine Seelsorgerin oder einen Seelsorger Ihrer Gemeinde bitten, diese vorzunehmen; in Krankenhäusern und Pflegeheimen sind oft auch Seelsorgende vor Ort, die mit Ihnen die Segnung durchführen. Mittlerweile gibt es auch in vielen Gemeinden ehrenamtlich Tätige, die diesen Dienst leisten und bereit sind, mit Ihnen zu beten. Sie können diese Feier aber auch selbst gestalten.

Dabei sind Sie recht frei in der Gestaltung. Wenn Sie Weihwasser in Reichweite haben, wäre es beispielsweise denkbar, dass alle Anwesenden, die es möchten, der verstorbenen Person mit dem Weihwasser ein Kreuz auf die Stirn zeichnen. Sie brauchen keine Scheu zu haben – eine Berührung von verstorbenen Menschen ist ohne Probleme möglich. Allerdings haben viele von uns Vorbehalte dagegen, deshalb sollte man niemanden dazu drängen. Hier schlage ich einen Ablauf für eine solche Verabschiedung vor, der sich eng an der üblichen kirchlichen Form orientiert:

Kreuzzeichen: Im Namen des Vaters und des Sohnes und des Heiligen Geistes. Amen.

Kurzes einführendes Wort: Wir sind miteinander hier, um uns von N. (unserer Mutter/unserem Vater/unserer Tante …) zu verabschieden. Es ist ein schwerer Moment für uns alle. Stützen wir einander im Gebet und in der Gemeinschaft, die wir sind.

## Kyrie-Rufe

V Herr Jesus, du hast am Kreuz dein Blut vergossen, um unsere Sünden hinwegzunehmen. Herr, erbarme dich.

A Herr, erbarme dich.

V Christus, du bist aus dem Grab erstanden, um uns dem Tod zu entreißen. Christus, erbarme dich.

A Christus, erbarme dich.

V Herr Jesus, du bist in die Herrlichkeit eingegangen, um uns den Zugang zum Leben zu er schließen. Herr, erbarme dich.

A Herr, erbarme dich.

## Gebet

Gott, dein Sohn hat unser Leben geteilt bis in den Tod. Er hat gelitten, ist gestorben und ist begraben worden. Du aber hast ihn zum Leben auferweckt. Wir bitten dich für unseren verstorbenen Bruder N. (unsere verstorbene Schwester N.). Komm ihm (ihr) in Liebe entgegen und führe ihn (sie) in dein Reich. Denen aber, die voll Trauer sind, schenke Hoffnung und Trost durch deinen Sohn, Jesus Christus, unseren Herrn. Amen.

## Schriftwort

Hier empfiehlt sich eine kurze Lesung aus der Bibel. Eine Auswahl dafür finden Sie auf den Seiten 93–124. Beispielsweise können Sie nehmen:

Leben wir, so leben wir dem Herrn, sterben wir, so sterben wir dem Herrn. Ob wir leben oder ob wir sterben, wir gehören dem Herrn. (Römerbrief 14,8)

## Segnung

In der Taufe ist N. ein Kind Gottes geworden. Gott hat sein Ja gesprochen, dass er nie zurücknehmen wird. In diesem schweren Moment wollen wir N. in die Hände Gottes legen. Wir haben hier Weihwasser, mit dem wir N. jetzt segnen möchten.

## Segensgebet

Es segne dich Gott, der Vater, der dich nach seinem Bild geschaffen hat. Es segne dich Gott, der Sohn, der dich durch sein Leiden und Sterben erlöst hat. Es segne dich Gott, der Heilige Geist, der dich zum ewigen Leben gerufen und geheiligt hat. Gott, der Vater und der Sohn und der Heilige Geist, geleite dich durch das Dunkel des Todes in sein Licht. Er sei dir gnädig im Gericht und gebe dir Frieden und ewiges Leben. Amen.

Danach können alle Anwesenden, die es möchten, sich persönlich von der verstorbenen Person verabschieden und ihr beispielsweise mit dem Weihwasser ein Kreuzchen auf die Stirne zeichnen. Das geht natürlich auch ohne Weihwasser – und es geht auch, indem man den Körper der Person nicht berührt, wenn man das nicht möchte.

## Vaterunser

Lasst uns beten, wie der Herr uns zu beten gelehrt hat:

Vater unser im Himmel ...

## Gebet

V Kommt herzu, ihr Heiligen Gottes, eilt ihm/ihr entgegen, ihr Engel des Herrn.

V/A Nehmt auf seine (ihre) Seele und führt sie hin vor das Antlitz des Allerhöchsten.

V Christus nehme dich auf, der dich berufen hat, und in das Himmelreich sollen Engel dich geleiten.

A Nehmt auf seine (ihre) Seele und führt sie hin vor das Antlitz des Allerhöchsten.

V Herr, gib ihm (ihr) die ewige Ruhe, und das ewige Licht leuchte ihm (ihr).

A Nehmt auf seine (ihre) Seele und führt sie hin vor das Antlitz des Allerhöchsten.

V Lasset uns beten: Herr, unser Gott, wir empfehlen dir unseren Bruder (unsere Schwester) N. In den Augen der Welt ist er (sie) tot. Lass ihn (sie) leben bei dir. Und was er/sie aus menschlicher Schwäche gefehlt hat, das tilge du in deinem Erbarmen. Durch Christus, unseren Herrn. Amen.

## Gegrüßet seist du, Maria

Bitten wir auch die Gottesmutter um ihre Fürsprache.

Gegrüßet seist du, Maria, ...

## Abschluss

V O Herr, gib N. und allen Verstorbenen die ewige Ruhe.

A Und das ewige Licht leuchte ihnen.

V Herr, lass sie ruhen in Frieden.

A Amen.

## Lied

Wenn es Ihnen möglich ist, könnte nun noch ein Lied folgen, das Sie gemeinsam singen oder jemand aus Ihrer Gruppe vorträgt. Es wäre aber auch denkbar, dass Sie Musik abspielen, die Ihnen für diese Situation passend erscheint.

Natürlich können Sie diesen Vorschlag so variieren, wie er Ihnen und den Angehörigen entspricht.

## Gebete

Hier folgt eine Sammlung von Gebeten, die Sie in der Situation der Sterbebegleitung und nach dem Verscheiden beten können. Es gibt aber noch viele weitere Gebetstexte, die in diesem Moment passend sein können.

### Gebete vor dem Verscheiden

Diese Gebete im Moment des unmittelbar bevorstehenden Todes zu sprechen, kann sehr schwierig sein. Wenn Sie das nicht können oder möchten, ist es überhaupt nicht falsch, es nicht zu tun. Wo im Gebet von „Bruder" oder „Schwester" oder „Dienerin" bzw. „Diener" die Rede ist, können Sie natürlich auch den Namen der Person oder die Bezeichnung verwenden, die Sie für die Person immer verwenden, also beispielsweise „unsere Uri", „Papa" oder „Tante N."

Mache dich auf den Weg, Bruder/Schwester in Christus,
im Namen Gottes, des allmächtigen Vaters, der dich erschaffen hat;
im Namen Jesu Christi, des Sohnes des lebendigen Gottes, der für dich gelitten hat;
im Namen des Heiligen Geistes, der über dich ausgegossen worden ist.

Heute noch sei dir im Frieden deine Stätte bereitet,
deine Wohnung bei Gott im heiligen Zion,
mit der seligen Jungfrau und Gottesmutter Maria,

mit dem heiligen Josef, deinem Namenspatron/
deiner Namenspatronin N.
und mit allen Engeln und Heiligen Gottes.

Lieber Bruder/Liebe Schwester.
Ich empfehle dich dem allmächtigen Gott.
Ihm vertraue ich dich an, dessen Geschöpf du bist.
Kehre heim zu deinem Schöpfer, der dich aus dem Staub der Erde gebildet hat.
Wenn du aus diesem Leben scheidest,
eile Maria dir entgegen mit allen Engeln und Heiligen.
Christus befreie dich, der für dich gekreuzigt wurde,
er befreie dich, der für dich den Tod gelitten hat;
er gebe dir Wohnrecht in seinem Paradies.
Der wahre und gute Hirt erkenne dich an als sein eigen.
Er spreche dich los von allen deinen Sünden
und rechne dich zu seinen Erwählten.
Deinen Erlöser sollst du sehen von Angesicht zu Angesicht,
Gott schauen in alle Ewigkeit. Amen.

## Gebete für eine verstorbene Person bzw. nach dem Tod

Allmächtiger Gott,
hilflos stehen wir dem Sterben unserer Lieben gegenüber,

denn der Tod ist unabänderlich.
Du aber hast uns deinen Sohn gesandt und ihn für uns alle hingegeben.
Darum können uns weder Trübsal noch Bedrängnis,
ja nicht einmal der Tod von deiner Liebe trennen.
Erhalte uns in diesem Glauben und führe unsere Toten zu neuem Leben.

V Nimm auf, Herr, deinen Diener/deine Dienerin an den Ort des Heiles, das er/sie von deinem Erbarmen erhoffen darf.
A Amen.
V Befreie, Herr, deinen Diener/deine Dienerin aus aller Drangsal.
A Amen.
V Befreie, Herr, deinen Diener/deine Dienerin, wie du Noah aus der Flut befreit hast.
A Amen.
V Befreie, Herr, deinen Diener/deine Dienerin, wie du Abraham aus Ur in Chaldäa befreit hast.
A Amen.
V Befreie, Herr, deinen Diener/deine Dienerin, wie du Ijob von seinen Leiden befreit hast.
A Amen.
V Befreie, Herr, deinen Diener/deine Dienerin, wie du Mose aus der Hand des Pharao befreit hast.
A Amen.

V Befreie, Herr, deinen Diener/deine Dienerin, wie du Daniel aus der Löwengrube befreit hast.
A Amen.
V Befreie, Herr, deinen Diener/deine Dienerin, wie du die drei Jünglinge aus dem Feuerofen und aus der Hand des Königs befreit hast.
A Amen.
V Befreie, Herr, deinen Diener/deine Dienerin, wie du Susanna von der falschen Anklage befreit hast.
A Amen.
V Befreie, Herr, deinen Diener/deine Dienerin, wie du David aus der Hand des Königs Saul und aus der Hand Goliats befreit hast.
A Amen.
V Befreie, Herr, deinen Diener/deine Dienerin, wie du Petrus und Paulus aus dem Gefängnis befreit hast.
A Amen.
V Befreie, Herr, deinen Diener/deine Dienerin durch Jesus, unseren Erlöser, der für uns den bitteren Tod auf sich genommen und uns das ewige Leben geschenkt hat.
A Amen.
V Wir empfehlen dir, Herr, deinen Diener/deine Dienerin N. und bitten dich, Herr Jesus Christus, Heiland der Welt: Nimm unseren Bruder/unsere Schwester N. gnädig in die Freude deines Reiches auf; auch um seinetwillen/ihretwillen bist du in deinem Erbarmen auf die Erde herabgekommen. Mag er/sie auch gesündigt haben, so hat er/sie

doch den Vater, den Sohn und den Heiligen Geist nicht verleugnet; er/sie hat geglaubt und Gott, den Schöpfer von allem, gläubig verehrt. Ihm ist die Kraft und die Herrlichkeit in Ewigkeit. Amen.

Zum Paradies mögen Engel dich geleiten,
die heiligen Märtyrer dich begrüßen
und dich führen in die heilige Stadt Jerusalem.

Die Chöre der Engel mögen dich empfangen,
und durch Christus, der für dich gestorben,
soll ewiges Leben dich erfreuen.

## Weitere Gebete

Mein Herr und mein Gott, nimm alles von mir, was mich hindert zu dir.
Mein Herr und mein Gott, gib alles mir, was mich fördert zu dir.
Mein Herr und mein Gott, nimm mich mir und gib mich ganz zu eigen dir.
*Niklaus von der Flüe*

Herr, wie Du willst, so will ich geh'n,
und wie Du willst, soll mir gescheh'n.
Hilf Deinen Willen nur versteh'n.
Herr, wann Du willst, dann ist es Zeit,
und wann Du willst, bin ich bereit.
Heut und in alle Ewigkeit.

Herr, was Du willst, das nehm' ich hin,
und was Du willst, ist mir Gewinn.
Genug, dass ich Dein Eigen bin.
Herr, weil Du's willst, d'rum ist es gut,
und weil Du's willst, d'rum hab' ich Mut.
Mein Herz in Deinen Händen ruht.
*Lieblingsgebet des P. Rupert Mayer*

Lieber Gott, in deiner Hand steht meine Seele,
du hast sie erhalten in meinem Leben,
und ich habe noch nie erkannt, wo du sie hingesetzt hast;
darum will ich auch nicht wissen, wo du sie jetzt hintun wirst.
Das allein weiß ich wohl: sie steht in deiner Hand,
du wirst ihr wohl helfen. Amen.
*Martin Luther*

Gib mir, o Herr, dass ich dich erkenne
und immer mehr dich liebe und in Freude besitze.
Und weil ich in meinem Leib hienieden
diese Seligkeit nicht vollkommen haben kann,
so lasse sie wenigstens Tag für Tag in mir wachsen.
Bis sie sich ganz erfülle im kommenden Leben.
Hier mehre in mir deine Erkenntnis, dort lasse sie vollkommen sein,
hier mehre in mir die Liebe, dort lasse sie reif sein,

hier lasse meine Freude wachsen durch die Hoffnung, dort vollende sie in der Einigung. Amen.
*Anselm von Canterbury*

Lieber Vater, wiewohl ich nicht weiß, wo ich hinfahren soll
oder wo die Herberge ist, doch weil ich's versucht habe,
was der Glaube ist, so will ich wieder an dem Wort hangen.
Du hast mir fortgeholfen, da ich's auch nicht sehen oder begreifen konnte, so wirst du mir auch jetzt helfen. Amen.
*Martin Luther*

Gib, mein Gott, dass ich mit stets gleicher Seelenruhe
alle möglichen Ereignisse hinnehme, denn wir wissen nicht,
was wir bitten müssen, und ich kann das eine nicht mehr begehren als das andere,
ohne Anmaßung und ohne mich verantwortlich zu machen für die Folgen,
die deine Weisheit mir gerade hat verbergen wollen.
Herr, ich weiß, dass ich nur eines weiß:
dass es gut ist, dir nachzufolgen, und dass es böse ist, dich zu beleidigen.

Außerdem weiß ich nicht, was besser oder
schlechter ist in allen Dingen,
ich weiß nicht, was mir nützlich ist, Gesundheit
oder Krankheit, Reichtum oder Armut
oder was immer von allen Dingen dieser Welt.
Das zu entscheiden übersteigt die Kraft der
Menschen und der Engel,
und es ist verborgen in den Geheimnissen deiner
Vorsehung,
die ich anbeten und nicht ergründen will.
*Blaise Pascal*

O Herr Gott, lass mich sterben, damit ich aufhöre
zu sterben.
Denn solange wir hier leben,
fühlen wir ohne Unterlass des Todes Stachel,
kranken und sterben alle Tage;
aber wenn wir vor der Welt tot sind,
so leben wir erst und dürfen uns in Ewigkeit vor
keiner Gefahr und Sterben fürchten,
weil unser zeitlicher Tod ist ein Ende des Todes und
ein Anfang des Lebens. Amen.
*Polykarp von Smyrna*

O erbarmungsvoller Tod, du mein seligstes Leben.
Du bist mein bester Anteil.
Du bist meine überreiche Erlösung.
Du bist meine herrliche Erbschaft.
Ja, hülle mich ganz in dich ein,

verbirg mein ganzes Leben in dir,
bewahre in dir meinen Tod.
*Gertrud von Helfta*

Wenn ich einmal soll scheiden, so scheide nicht von mir.
Wenn ich den Tod soll leiden, so tritt du dann herfür.
Wenn mir am allerbängsten wird um das Herze sein,
so reiß mich aus den Ängsten kraft deiner Angst und Pein.

Erscheine mir zum Schilde, zum Trost in meinem Tod,
und lass mich sehn dein Bilde in deiner Kreuzesnot.
Da will ich nach dir blicken, da will ich glaubensvoll
dich fest an mein Herz drücken. Wer so stirbt, der stirbt wohl.
*Paul Gerhardt*

O Liebe, du bist mein trauter Abendschein. Wenn einst des Lebens Abendschein hereinbricht für mich, dann lass mich sanft entschlummern und jene Ruhe finden, die deinen Lieben bereitet ist. Bedecke dann meine Dürftigkeit mit deiner unendlichen Güte und verhülle die Blößen meines armen, unzureichenden Lebens, dass meine Seele getröstet, geborgen sei in deiner seligen Liebe. Nun

denn, o Lieber, befehle ich dir mein Leben und meine Seele. Lass mich in dir in Frieden ruhen.
*Gertrud von Helfta*

Seele Christi, heilige mich!
Leib Christi, rette mich!
Blut Christi, tränke mich!
Wasser der Seite Christi, wasche mich!
Leiden Christi, stärke mich!
O guter Jesus, erhöre mich!
Birg in deinen Wunden mich!
Von dir lass nimmer scheiden mich!
Vor dem bösen Feind beschütze mich!
In meiner Todesstunde rufe mich!
Zu dir zu kommen, heiße mich,
mit deinen Heiligen zu loben dich in deinem Reiche ewiglich! Amen.
*Von Ignatius von Loyola empfohlen*

Unter deinen Schutz und Schirm fliehen wir, o heilige Gottesgebärerin.
Verschmähe nicht unser Gebet in unsern Nöten, sondern erlöse uns jederzeit von allen Gefahren, o du glorreiche und gebenedeite Jungfrau.
Unsere Frau, unsere Mittlerin, unsere Fürsprecherin.
Versöhne uns mit deinem Sohne, empfiehl uns deinem Sohne, stelle uns vor deinem Sohne. Amen.
*Eines der ältesten überlieferten Gebete*

# Zu guter Letzt

Das Thema Tod nicht totzuschweigen – das ist das Ansinnen dieses Buches. Die Lektüre der vorangegangenen Seiten war sicherlich nicht einfach für Sie, aber ich denke, wir haben uns gemeinsam einem Thema genähert, das uns alle angeht. So schwer und unangenehm es ist, sich mit dem Sterben zu beschäftigen, so wichtig ist es doch. Seit Menschen denken, setzen sie sich mit ihrer eigenen Endlichkeit auseinander und suchen nach Antworten auf die Frage, ob mit dem Tod alles aus ist. Ich darf Christ sein und als ein solcher die Hoffnung haben, dass ich durch den Tod in ein neues Leben gehen darf. Mir persönlich gibt diese Aussicht sehr viel Zuversicht, und auch wenn ich es nicht jeden Tag auf dieselbe Art und Weise spüren darf, erleichtert sie mir den Umgang mit diesem Thema. Dabei habe ich immer wieder ein Bild im Kopf, das Jesus im Johannesevangelium verwendet, wenn er davon spricht, dass er zum Vater gehe, um einen Platz für die Seinen vorzubereiten; aus dieser Evangeliumsstelle habe ich oben schon zitiert. Quasi als Nachwort und als Quintessenz dieses Buches möchte ich mit eben dieser Perikope schließen:

## Johannesevangelium 14,1–6:

Euer Herz lasse sich nicht verwirren. Glaubt an Gott und glaubt an mich! Im Haus meines Vaters gibt es viele Wohnungen. Wenn es nicht so wäre, hätte ich euch dann gesagt: Ich gehe, um einen Platz für euch vorzubereiten? Wenn ich gegangen bin und einen Platz für euch vorbereitet habe, komme ich wieder und werde euch zu mir holen, damit auch ihr dort seid, wo ich bin. Und wohin ich gehe – den Weg dorthin kennt ihr. Thomas sagte zu ihm: Herr, wir wissen nicht, wohin du gehst. Wie können wir dann den Weg kennen? Jesus sagte zu ihm: Ich bin der Weg und die Wahrheit und das Leben; niemand kommt zum Vater außer durch mich.